中公文庫

憲政の本義

吉野作造デモクラシー論集

吉野作造

中央公論新社

目次

- 本文中に現在の人権意識に照らして不適切と思われる表現がありますが、刊行当時の時代背景、また著者が物故していることを考慮し、原文のまま収録しました。
- 原則として、漢字は新字体とし、明らかな誤植と思われるものは修正しました。また、読みやすさを考慮し、副詞や助詞などの漢字表記を平仮名としました。
- なお、中公バックス『日本の名著48 吉野作造』、中公文庫『吉野作造論集』、岩波文庫『吉野作造評論集』、岩波書店『吉野作造選集』に収録されている論文については、それぞれを適宜参照しました。

憲政の本義

吉野作造デモクラシー論集

憲政の本義を説いて
その有終の美を済すの途を論ず

●『中央公論』大正五（一九一六）年一月号

去年十二月一日より東京に開かれたる全国中学校長会議において、高田新文相が特に訓示を与えて立憲思想養成の急務を説きたることと、水戸中学校長菊池謙二郎氏が起《た》って大隈内閣の居据わりと立憲思想との関係の説明を求めて文相に肉薄したこととは、著しく世間の耳目を惹いた。訓示の一節に曰《いわ》く。

(上略) 中等教育ニハ種々ノ方針アルベキモ、余ノ見解ヲ以テスレバ、立憲思想ノ養成ヲ刻下ノ急務ナリト信ズ。我国ニ於テハ、憲法施行以来日尚浅ク、国民ノ憲政ニ通セサルコトハ過般ノ総選挙ニ於テ見ルニ明ナリ。立憲政治ノ運用ヲ愆《あや》マラサルト否トハ、国家ノ重大問題ナレバ、特ニ中等教育ノ任ニ当ルモノハ充分其点ニ関シ留意セラレンコトヲ希望ス (下略)。

従来歴代の文部当局者も中学校長会議に同様の訓示を発せしこと、これまであったかどうかは、予の明知せざる所なれども、多年野《や》に在りて立憲思想鼓吹の必要を唱え来りし高田氏のことなれば、今度特にこの点を力説高調して中学校長諸氏の注意を喚起したのは怪しむに足らない。

これまで同じような機会に同じような訓示を発したことは仮りにないとしても、民間における立憲思想の養成を必要とするの説は、決して新しきものではない。しかして教育機関の協戮《きょうりく》によりてこの思想を民間に普及することが最も手短かにして且つ最も有効なる方法なりということも、実は余程早くから認められておった。中学校教科課程の中に法制の一科を加えたのもこの趣旨に基くのである。しかしながら、これらの施設は果してその目的を達したであろうか。我が国の憲政はその創設以来すでに四半世紀の星霜を閲《けみ》して居る。しかもその間憲政に対する国民の思想はどれだけ進歩したであろうか。今日この際文相の口より改まって立憲思想養成の必要を聞くのは、たまたま民論開拓の過去の努力の不成功を証明するものではあるまいか。

いずれにしても立憲思想の養成は今日なおいわゆる「刻下の急務」である。この点において予輩は全然高田文相と同感である。しかしながら、口に言うは甚だ易《やす》い。ただ問題は、いかにして立憲思想養成の目的を達すべきやである。幾度繰り返してその必要を絶叫しても、いかにせば果して能《よ》くこの目的を達するかの具体的方法を示さずしては、せっかく訓令の主意をもっともと感じた教育家諸君も、イザとなって手の着けようがあるまい。しからば文部当局者は果して教育家の実地指南たるべき細目の成案をもって居るのであろうか。

立憲思想養成の具体的方法の攻究は、立憲政治その物の正確なる理解をもって始まらねばならぬ。不正確なる理解を基礎としては、決して適当なる方法の組み立てられようはずはない。しかして予は平素我が国のいわゆる識者階級間に、立憲思想に関する理解の極めて不明瞭・不徹底なることを遺憾とする者である。高田文相は従来立憲思想の鼓吹と普及とには少なからず尽力した人だと聞えて居ったが、菊池水戸中学校長の直截《ちょくせつ》なる質問に対しては、決して単純明快な答弁を与えられなかった。予はこれら高級の教養ある方々に向ってすら、今日なおまず憲政の本義そのものを説くの必要ありとの感を深うしたのである。

「国民ノ憲政ニ通セサル事ハ過般ノ総選挙ニ於テ見ル」も明らかであるが、しかし憲政の何たるやに通せざるは、独り一般下級の国民ばかりではない。上級のいわゆる識者階級もまた然りである。立憲思想と全然相容れざる専制的議論は、今日しばしば公然として在朝在野の政客の口に上るを見るではないか。一国文化の指導者たるべき識者にしてなおかつ憲政に対する不正確なる理解に甘んずとせば、いかに一般国民の思想を鞭韃《べんたつ》しても憲政有終の美を済《な》すことは出来ぬ。かくて今日は、上下一般に向って最も率直に、最も大胆に、最も徹底的に立憲政治の真義を説くべき時ではあるまいか。

これ予が自ら揣《はか》らず、敢てここに憲政の本義に関する愚見を披瀝して大方の叱正を乞わんとする所以《ゆえん》である。

序　言

憲政のよく行わるると否とは、一つには制度ならびにその運用の問題であるが、一つにはまた実に国民一般の智徳の問題である。蓋《けだ》し憲政は国民の智徳が相当に成育したという基礎の上に建設せらるべき政治組織である。もし国民の発達の程度がなお未だ低ければ、「少数の賢者」すなわち「英雄」に政治上の世話を頼むといういわゆる専制政治もしくは貴族政治に甘んずるの外はない。故に立憲政治を可とするや、貴族政治を可とするやの問題の如きも、もと国民の智識道徳の程度如何によって定まる問題で、国民の程度が相当に高いのに貴族政治を維持せんとするの不当なるが如く、国民の程度甚だ低きにかかわらず強いて立憲政治を行わんとするの希望もまた適当ではない。しかしながら近代の諸国においては、二、三の例外はむろんあるが、概して国民の智徳は相当の高度の発達を遂げて居ること云うを俟《ま》たない。中にはそれ程でないものもあるけれども、少なくともその中の少なからざる一部分に高度の発達を遂げたものが必ず存在するが故に、これらの人々を通じて、いわゆる民権思想というものはいずれの国においてもすこぶる発達を遂げて居る。したがって今日は高度の文明をもって居る国においてはもちろんのこと、それ程でない国においても、専制的貴族政治は到底引続き行わるることを得ないという状況に定まった。国民一般の発達の程度未だ立憲政治に適すべくも見えないような国においても、世界の大勢に押されて貴族政治は最早その命脈を保ち得ざる有様である。して見ると、これらの国においては、立憲政治を行うに時機なおやや早きの嫌いありとしても、今日これを行わねばならぬという勢いに迫られて居る。しかしてこれ実に世界の大勢にして今更反抗し得べからずとすれば、世の先覚者たる者は、須《すべか》らく一方には憲政の創設確立に尽力すると共に、他方には進んで国民教導の任に当って、一日も早く一般国民をして憲政の運用に堪うるものたらしめんことを努むべきである。これを努めずんば、たとい一方において立憲政体の形式極めて完備すといえども、他方その運用は決して円満完全なるを得ない。故に憲政有終の美を済すの根本の要件は、殊に政治上の後進国においては、国民一般に対する智徳の教養を第一とする。しかしてこの国民智徳の教養ということは、実は一朝一夕の事業ではない。顧みて我が国の状態を思うに、吾人《ごじん》は国民の準備未だ整わざるに早く憲政を施行したるが故に、今や破綻《はたん》百出、経世の志ある者をして日暮れ途《みち》遠しの感を抱かしむるのである。が、しかしながら、今更針路を逆転して昔の専制時代に復《かえ》ることも出来ない。しからば吾々はますます奮って改善進歩の途を講ずるより外致し方がない。しかしてこれがためには、啻に政治家ばかりではない、実にまた教育家・宗教家その他社会各方面の識者の共同的努力に俟つこと極めて大なるものがあるのである。

同じく立憲政治のやや完全なる形式を備えながら、国民智徳の高いと低いとの差によって、憲政の運用上両極端の現象を呈して居るものは、北米合衆国と墨西哥《メキシコ》とである。この両国は新大陸において南北相隣して居るだけ、その対照の色彩が極めて著しい。北米合衆国は、云うまでもなく憲政の運用に最もよく成功し、物質的方面においても精神的方面においても、今日国運の興隆すこぶる目覚ましいものがある。一部の人は亜米利加《アメリカ》の最近の政治は、国民中の多数を占むる労働者その他の下層階級の専恣《せんし》に媚び、だんだんに政治の質が下落したという。けれどももこれは全然誤りである。政治家が労働者の意思に迎合するの傾向あるは事実に相違ない。全く労働者の意を迎えずしては、政治家として到底その志を伸ぶることは出来ないようである。しかしながら亜米利加の政治家は徒《いたず》らに労働者に迎合するもののみではない。彼らは労働者の投票によって志を伸べんとするものであるけれども、他の一方においてはまた労働者の友となり労働者の先覚者となって、その精神的指導者たらんとするの抱負を有するものである。亜米利加の政治家は、形式的には労働者の僕《しもべ》なれども、実質的においては労働者の指導的精神である。労働者もまた、形式的には政治家を役して我が用をなさしむるけれども、精神的には政治家の人格言論を理解し判断し、その最良なる者に聴従して自家の立脚地を定むるだけの見識をもって居る。さればこそ労働者の勢力を占めて居る国でありながら、ルーズヴェルトの如きまたウィルソンの如き曠世《こうせい》の英雄が国家最高の地位に挙げらるるのである。我々は、亜米利加の最近の政治において決して憲政の失敗を認むることは出来ないのである。これに反して墨西哥の方は如何というに、近年新聞紙上にあらわるる電報によっても明白なるが如く、年が年中紛乱を重ね、国民はために非常な塗炭の苦しみを嘗《な》めて居る。顧れば墨西哥は建国以来ほとんど変乱の絶えたことはない。この国が西班牙《スペイン》から独立したのは今より約百年の昔であるが、その以来今日まで大統領の地位は常に血をもって争われ、歴代の大統領中無事に天命を全うし得た者は極めて少ない。多くは暗殺の厄に罹《かか》り、さらでも海外に放逐せられて悲惨なる最後を遂げたのである。最近ポルフィリオ・デアスは三十余年の永きに亙って大統領の地位を専占し、その間墨西哥の平和的産業の発達を計ったというけれども、この三十年間の継続的平和も、畢竟《ひっきょう》は反対党の買収、投獄、放逐、暗殺等によって購《あがな》ったもので、決して健全なる平和ではなかった。一九一一年、多年時めいたデアスもマデロの逐《お》うところとなってより、紛乱は再び始まった。マデロはまた一昨年の二月幕将ウェルタの殺すところとなり、ウェルタに対する憲政軍の反抗となり、一転してまた憲政軍の頭目カランザとヴィアとの反目抗争となり、一昨年の五月ウェルタの外国に亡命してから昨年の六、七月頃までの間に、首府墨西哥の主人を代うること前後八回の多きに及んだ。去年の秋、米大陸諸国が協議の上カランザを承認しこれを助けるということにしたから、これよりだんだん収まりがつくかも知れないが、しかし隣邦合衆国の如き幸福な政治を見るに至る見込の極めて遠きことは、もとより言うを俟たず、否多少の紛乱は今後しばらくは続くであろうと思う。かくの如くにして国民は今や戦乱の蹂躙《じゅうりん》するところとなって実に名状すべからざる惨況にある。かくの如く、相隣して居りながら一方は隆々たる勢いをもって栄え、一方は紛乱を重ねて居るものは、そもそも何の理由によりて然るか。憲法上の制度は、墨西哥の方は全然合衆国を真似たのであるから、形式的設備の点よりいえば両者全然同一である。しかもかくの如き両極端の差を生ずる所以のものは、これ畢竟両国民の智徳の程度に大なる高低の別があるからである。

しからば何故相隣して居る国なるにかかわらず、この両国民はかくも大なる差を生ずるに至ったかというに、これには深い歴史上の原因がある。第一には、これらの両国は申すまでもなく欧羅巴《ヨーロッパ》人の移民によって建った国であるが、それら移民の本国が各両国において同一でない。亜米利加大陸は、ちょうど合衆国と墨西哥との国境線を境とし、北部は初めより主として英国のいわゆるアングロ・サクソン族の移住し来った所であり、南部は総て――ブラジルが葡萄牙《ポルトガル》人の移民より成るの唯一の例外を除き――もっぱら西班牙よりの移住民である。この点より言えば、墨西哥と合衆国との差はちょうど西班牙と英国との差と同じことである。今日欧羅巴において、英国人と西班牙人とはその政治的能力において大なる逕庭《けいてい》ありとせられて居るが、この差異が新大陸にも反映して居るのである。第二に、これら両国よりの移住民は元来本国においていかなる階級に属して居ったかというに、合衆国に移住した英国人は、本国において概して最も優等なる階級に属して居ったものである。彼らは官位財宝においてこそは、なんら優るところあったものではないが、智識道徳の点においては全英国民中最も卓抜せる階級に属するものであった。すなわち彼らはピューリタン（清教徒）である。そもそも米国建設の初めを為す者は、本国における宗教的圧迫の苦痛を脱せんがために一六二〇年九月メー・フラワー号（「五月の花号」）に搭乗して英国の港プリマウスを出帆したる、かの七十四人の男子及び二十八人の婦人より成るいわゆるプリグリム・ファーザースの一団である。彼らが清教徒として基督《キリスト》教徒中最も厳格なる生活を営み、最も熱烈なる信仰を有するものなることはすでに我々の知るところ。しかして彼らは実に北米の地に一新自由境を開拓して神意の完全なる実現を期せんとの、大抱負をもって移住して来たのである。これが今日なお合衆国民の中堅を為すものである。もとよりその後各国の種々様々の移住民が這入《はい》って来た。これによって合衆国民の品位は多少下落しつつあり、または少なくともその憂ありと言われて居るけれども、今日なおこの清教徒の理想と抱負とは、他の移住民をも同化せずんば止《や》まざらんとするの勢いをもって居る。これに反して墨西哥の移民は如何と云うに、この方は本国における無頼の徒にあらざれば、労働者あるいは兵卒等皆下層階級の者が主となって居る。元来移住民というものは下層社会から出るのが常で、合衆国の如きはむしろ稀なる一変例である。墨西哥のは普通の場合と同様で、さらでも英国人よりは劣る西班牙人中の、その中の殊に劣等なる階級から出て来たのであるから、この両者の間に大いなる差異のあるのは止むを得ないのである。終りに第三に、これら両国移住民の移住後における家族関係の点もまた参酌《さんしゃく》する価値がある。英国より渡来し来った者は、本国における宗教上の圧迫を脱れ自由の新天地を拓《ひら》かんとして渡来した者なるが故に、概してみんな家族を率いて移住して来た。しからざるも守操堅固なる清教徒のことなれば、移住後も土人と結婚するというが如き者は一人もなかった。しかるに墨西哥に移住した者は、労働者兵士等、皆妻子をもって居る者ではない。のみならず道徳上なんら守るところあるものではなかったから、たちまち土人と雑婚し、ために多くの混血児を生じた。今日いわゆる墨西哥人というのは、これら混血児のことである。しかしてこれらの混血児は、ただ両親の弱点のみを伝えて、道徳的品性においては最も劣って居るものである。これをかのピューリタンの輩《ともがら》が、人種の純潔を保ちつつその高尚なる理想を子孫に伝えたのに比すれば、もとより同日の談ではない。

かくの如く米と墨とは国民の値打においてすでに大いなる逕庭がある。したがって墨西哥において憲政の運用に多少たりとも成功せんとせば、ことさら国民の教養に尽力するという必要があるのに、建国以来同国の先覚者はこの大責任を切実に感じなかった。亜米利加の建国には、ジョージ・ワシントンの如き高潔なる人物があるのに、墨西哥の建国はイツルビーデという、自ら新大陸の那翁と称し、野心と虚栄と俗望とを包むに悪辣なる手腕をもってした一奸雄をもって始まって居る。これ墨西哥が紛乱に紛乱を重ねて、到底近き将来において憲政の運用に成功する見込なしとせらるる所以である。

これと同じようなことは、今日までのままで進めば、支那についても言えると思う。これを要するに殷鑑《いんかん》遠からず、我らの近くに在り。我々はこれらの例に徴して、切に憲政の成功にはいかに国民の教養が先決問題として肝要であるかを知らねばならぬ。

立憲政治成功の第一要件は、国民の教養にあること前述の通りである。しかしてこれは各方面の識者の共同努力によって初めて成就せらるべき問題である。故にこの点は、極めて重要にして且つ根本的な問題であるけれども、一政論家としての予輩が特に説かんとする方面ではない。国民的教養ということは、吾人もまた国民の一として、その一部分を分担して共に大いに尽力せんと欲するものではあるが、しかしここに特に説かんとするのは、主として直接に政治に関係する方面である。すなわち国民文化の発達の程度が相当の域に達し、または国民的教養の事業が現に多くの識者によって熱心に努力せられて居るという前提の下に、更に憲政の円満なる成功を見るためには、憲政に伴う諸制度にいかなる改善を加うることを要し、またその運用の任に当る政治家はいかなる心掛を持つべきかという方面を、特に説かんとするのである。ただこの方面を細論するに精《くわ》しき結果、国民的教養の先決問題たる所以を看過せらるるは予輩の本旨にあらざるが故に、ここに本論に入る前に、まずもって管々《くだくだ》しく国民的教養の必要を説いた所以である。

憲政とは何ぞや

憲政、すなわち立憲政治または憲法政治と云うのは、文字の示す通り「憲法をもってする政治」、「憲法に遵拠して行う所の政治」という意味である。そこで憲政と云う時は、ここに必ず憲法の存在を予想する。このいわゆる「憲法」なるものの存在すると否とが、実に立憲政治と他の政治とを分つ標準である。しからばここに謂う所の「憲法」とはいかなるものか。この憲法というものの意味を明らかにせざれば憲政という意味もまた明瞭にならない。

「憲法」と云う言葉を単に字義の上から解釈すれば、「国家統治の根本法則」ということになる。しかし憲政という場合における「憲法」は単にこれだけの意味ではない。何となれば、この意義における憲法は、苟《いやし》くも国家の在る所には必ず存在するものであって、時の古今、国の東西を分たないからである。総ての政治を予《あらかじ》め定めた法律に遵拠して行うというわゆる「法治国」の思想は、比較的に新しいものであるが、この法治国思想の起らない前といえども、国家統治の根本の原則と云うものは大抵の国においては存在するを常として居った。故に憲法の意味を単純に文字通りに解釈しては、近代における特別の現象たる立憲政治の意味をば明白にすることは出来ない。もちろん「憲法」と云えば必ず国家の根本法則でなければならぬことは論ずるまでもない。ただ近代の政治上の言葉として「憲法」という時は、なおこの外に他の要素をも加味して居るものでなければならぬのである。委《くわ》しく云えば、国家の根本法則たる性質を有し、しかも更に他の特別の要件を具備するものを「憲法」というのであると見なければならぬ。こういう意味の「憲法」を有する国を我々は立憲国と云い、またこの憲法によって行う政治を立憲政治というのである。我々が立憲国と云い、また立憲政治と云ってここに一種の特色を認むる所以のものは、すなわちその標準となる所の「憲法」その物が一種特別の要件を有して居るからである。しからば問う、我々のいわゆる「憲法」とはいかなる要件を備うる国家の根本法則を指称するのか。この問題に対し、予輩は次の二種類の要件をもっていわゆる憲法の特色なりと答うる。

第一、いわゆる憲法は普通の法律に比して一段高い効力を附与せらるるを常とする。憲法の効力が法律よりも強いとか、高いとか云うことは、普通の立法手続では憲法の変更は許されないということを意味するのである。法律は同じく法律をもって廃止変更することは出来るが、独り憲法は普通の法律をもってこれを改廃することは出来ぬ。例えば我が日本の制度においては、普通の立法手続はまず両院において各々出席議員の過半数をもって議決し、次に、天皇の裁可を得て完成するのであるが、憲法の改廃については特にその手続を鄭重にし、両議院各々その総員の三分の二以上出席し——普通の場合においては総議員の三分の一以上の出席をもって足るが——且つその出席議員の三分の二以上の多数を得るにあらざれば議決をすることが出来ぬとなって居る。その外憲法の改正については、発案権は両院に与えて居ないとかその他いろいろの特別の制限があるが、これと同じような特別手段の規定は他の各国にもある。もっともいわゆる不成典主義の国においては、もとよりかくの如き特例はない。不成典主義と云うのは、我が国の憲法の如く憲法的規定すなわち国家統治の根本的諸規定の全体もしくは大部分を一個の法典に纏《まと》めて居ない場合を云う。かくの如き主義の下においては、いわゆる憲法的規定は普通の法律や裁判の判決や政治的慣行等の雑然たる集合の中に存在して居るのであるから、もとより普通の法律で従来の憲法的原則を動かし、あるいは新たに重大なる憲法的原則を極めることも出来る。しかしこれは例外に属し、普通の常例ではない。現今不成典主義を採って居る国は、文明国中では英吉利《イギリス》と洪牙利《ハンガリー》との二者に限り、他は悉《ことごと》く成典主義を採って居る。この成典主義を採って居る国においては、ほとんど例外なく皆憲法に普通の法律よりも強い効力を附与して居る。

何故に憲法の効力を普通の法律よりも強いものにして居るか。一つの理由は憲法が国家において最重要の根本法則であるからである。国家の根本法則は極めて大事なものなる故に、これを普通の法律から区別する方がよいという考えは、実は昔からあった。しかし近代の国家が特に憲法を重しとする所以は、右の理由の外にもある。すなわちせっかく憲法によって定まった権利の畛域《しんいき》を、後から軽々しく蹂躙《じゅうりん》せられまいとする考えすなわちこれである。近代の憲法は、表向きは何と云っても、実際の所は従来政権を壟断《ろうだん》して居ったいわば特権階級とでも云うべきものに対する、民権思想の多年の奮闘の結果として現れたものたることは疑いはない。もっとも見様によっては、憲法の発達には三様の別があるということも出来る。一は英国の如く永き漸進的の争闘の結果徐々に進化したもので、二は亜米利加におけるが如く本国の羈絆《きはん》を脱して逃れ来れる自由民によって新たに創設せられたるもの、三は仏蘭西《フランス》を筆頭とする欧羅巴大陸の如く、革命の直接または間接の結果として急激に勃興発達したものである。右の中、亜米利加における憲法は、自由民が全く新しき天地に始めて創設したもので、何も在来の特権階級とこれを争うたというのではない。これに反して外の多くの諸国の憲法は、英国のそれの如き漸進的なるものと仏蘭西のそれの如き急激的なるものとの差はあるけれども、上下両階級の争闘の結果であるという共通の特色をもって居る。更に露骨に云えばこれらの国における憲法は、いわば古い上の階級と、新しい下の階級との争いのその妥協の成果であると見ることが出来る。しかしてその妥協たるや、当時の相争う両階級の勢力の関係で必ずしもその趣を一にしない。すなわちあるいは古い階級の方が他日この上権利を縮められはしないかと恐れる場合あり、またあるいは新しい階級がせっかくこれまで押し通して来たのに他日再び押し戻さるるようなことがあるまいかと心配する場合もある。その心配するものがいずれの一方であっても、とにかく他日この上にも不利益な境遇に陥れらるることを避けんがために、出来るだけ現状の変更をむずかしくして置こうと云う考えになった。しかし大体においては、古い階級は防禦者であり、新しい階級は攻撃者であるを常とする。したがってこの争闘において新しい階級は、常に新進気鋭の元気を有するにかかわらず、古い階級の如く歴史的、社会的の便益に乏しきの結果として、とにかく捗々《はかばか》しき勝利を得にくいものである。時勢の後援によってヤット一歩進んでも、いつその領分を奪還せらるるかも分らない。しかしてこの新しき階級に向って、その一旦占めた領地を安全に保護して遣るものはすなわち憲法である。かくして憲法変更の手続というものは、自ら普通の法律よりもむずかしく定めらるると云うことに成ったのである。故に憲法の効力が普通の法律よりも高いと云うことになった政治上の理由は、俗用の言葉を藉《か》りて云えば、民権の保護に在るといえる。憲法のこの形式的効力は、政治上においてこの意味に運用せられねばならぬものである。

第二には、憲法はその内容の主なるものとして(イ)人民権利の保障、(ロ)三権分立主義、(ハ)民選議院制度の三種の規定を含むものでなければならぬ。たとい憲法の名の下に、普通の法律よりも強い効力を附与せらるる国家統治の根本規則を集めても、以上の三事項の規定を欠く時は、今日これを憲法とはいわぬようになって居る。したがって憲政という時は、我々は直ちに人民の権利とか、独立の裁判権とか、民選議院とか云うようなことを聯想するのである。つまりこれらの手段によって我々の権利自由が保護せらるる政治を立憲政治というのである。今これを一つ一つ簡単に説明することにしよう。

(イ)人民権利の保障　日本の憲法にあっては特に第二章に臣民の権利義務と題して十五ケ条の規定が集められてある。題目の示す通り、その中には義務の規定も含まれてあるが、大部分は居住移転の自由とか、信仰の自由とか、言論、著作、印行及び集会、結社の自由とか、所有権とか、信書の秘密を侵《お》かされざるの権利とか、凡《すべ》て国民の物質的ならびに精神的の幸福進歩を計るに欠くべからざる権利自由を列挙し、これらのものは政府において恣《ほしいまま》にこれを制限しない、制限せんとせば必ず法律の形をもってこれを定むるということに明定して居る。かくの如き種類の規定、すなわち右列挙するが如き重大な権利自由は、政府が議会に相談することなしに勝手に定《き》めることはせぬ、必ず法律で定めると云うような規定は、各国の憲法においてその最も重要なる部分として普《あま》ねく掲げられて居る所のものである。法律で定めるというはすなわち議会が参与するということである。議会がこのことに与かるのは、取りも直さず、議会に代表者を送る所の人民が間接にこの重要なる問題の議定に容嘴《ようし》するを得るので、したがって人民は間接ながら自家の権利自由を自ら保護することが出来る理窟になる。こういう趣意でこの種の規定は今日各国の憲法に通有の特徴となって居るのであろう。もっとも特別の沿革的理由によってこれを欠くもの、例えば仏蘭西の憲法の如きものもあるけれども、大体においてはこの種の規定は近代の憲法には欠くことの出来ないものとなって居る。ちなみに言う。仏蘭西では一八七〇年第二帝政廃止の後、王政を恢復《かいふく》すべきや、共和制を採るべきやの憲法的問題で非常に議論が長びき、したがって憲法制定のためにも五ヶ年の長い年月を要した。そこで議論の紛々たる部分はそのままとし、差当り欠くことの出来ぬ重要なる原則のみを三つの法律に収めてもって憲法の体裁を作って居る。一つは公権の組織に関する基本法と称し、立法権行政権の分解及びその運用の大綱を定め、第二は元老院の組織に関する基本法と題して主として元老院のことが定めてあり、第三は各種の公権の関係に関する基本法と題して上下両院及び大統領の相互間の関係が定められてある。この三つの法律は皆集ってもいわゆる憲法としての完全な体裁はこれを備えていないのである。けれども仏蘭西は憲法制定においては決して新しい国ではない。否、欧羅巴において成文憲法を始めて設けた（一七九一年五月三日）のは仏国である。且つこの第一憲法に先だってすでに有名なるいわゆる人権宣言の発布をすら見て居る（一七八九年八月二十六日）。その後憲法を変えること凡《およ》そ十一回。故に大体憲法はいかなる内容を持つべきかということは、仏国人の頭には明白に解って居る。故に形式において整わざる憲法でも、仏人はこれを適当に運用するだけの経験はほぼ積んで居ったのである。

(ロ)三権分立主義　三権分立の観念は、理論的に定義するとずいぶんやかましい問題になるが、大体を云えば、行政と司法と立法との三つの作用は別々の機関においてこれを行うということである。昔の、例えば封建時代におけるが如く、法を作るものも、これを実際に施行するものも、またはこれを個々の場合に当て嵌《は》めて裁判をするものも、皆同一の人であってはいけないというのである。しかし行政は政府で司《つかさど》り、立法は議会その任に当り、司法は裁判所でこれを取扱うということは、今日ではほとんど問題にならぬ程自明の理と認められて居り、今更これを立憲国の特色だなどと取立てて云うのは、むしろ野暮臭き感がある。そこで今日憲法の特色としてこの方面で主として着眼せられるのは裁判権の独立という方面である。何故なれば、行政の政府に属し、立法の議会に属するは極めて明白にして各自独立相対峙するの勢力たるも、司法権の独立だけはややもすればしばしば行政権の直接の圧迫を受け、三権分立の趣意がややもすれば蔑《ないがし》ろにせらるるの恐れがあるからである。蓋《けだ》し司法機関は立法機関と異り、政府に対して相対峙する関係に立たない。裁判官は一面官吏として政府の系統の中に属する。したがってややもすればその左右する所となるの憂がある。かくては三権分立の主義が十分に貫徹されない。ここにおいて近代の憲法は裁判機関をばもっぱら上官の訓令の下に動く行政機関とは全然別種の機関となして独立の判断をなさしむると共に、また裁判官の地位を保障してもって行政官に対する司法権の独立を全うすべく、いろいろ周到なる用意を用いて居る。これまた今日の立憲国の一特色として挙げられる所のものである。なお、ついでに述べるが、三権分立の趣意が司法権の独立という方面に最もよく表われて居ることは、総ての国に通じて変らないが、ただ行政機関と立法機関との関係については、今日国によって余程趣を異にして居る。行政機関と立法機関と独立対峙すべきはもとより云うを俟たないが、しかし二者の関係が全然相交渉する所なしとしては、立憲政治の円満なる進行は期せられない。そこで議会に対する政府の責任という問題が起る。しかしてこの問題は議会の反対に逢えば常に必ず政府が辞職するという慣例の出来た国においては、やがて政党内閣の慣行を生じ、しからざる国においても弾劾の制度を見るという風に、立憲機関の意思をして結局行政機関を拘束せしむることによって解決せられて居る。このことは後になお詳しく述べる。しかるに北米合衆国の憲法及びこれに倣《なら》って作られた中南米諸国の憲法においては、三権分立の主義を極端に主張し、三つの機関は全然相関係する所なく対立せしめられて居る。亜米利加においては政府と議会との極端なる分離の結果、政府の役人は全然議員を兼ねることを得ず、否、彼らは大統領が教書をもってする場合の外に全然議会に出てその意見を陳《の》べることとすら許されてない。これがために非常な不便を蒙って居ることは人の知る所である。独り政府と議会との関係ばかりではない。裁判所のこの二者に対するまた全然独立である。されば議会の正当に作った法律でも、高等法院がこれを憲法違反なりと宣言すれば、一方には完全なる法律としてその効力を有して居りながら、一方には裁判所はこれを無効の法律としてその適用を拒むと云う奇観を呈することもまた人の知る所である。いずれにしても、余りに極端に奔《はし》って国政の円満なる進行を妨げて居るが、しかし三権分立の趣意を徹底的に貫こうとすれば、実はここまで行かなければならないのである。斯程《かほど》の厳格なる意味においてはこの主義は近代憲法の特色ではない。近代憲法の特色としては、主として司法権の独立に着眼すべく、全体としての三権分立主義はこれを大体の観察に止むべきである。

(ハ)民選議院制度　民選議院制度が近代憲法上の特色として認めらるるに到った所以は、一面においては三権分立主義を執れる結果である。すなわち三権分立主義は、立法権の行使はこれを政府・裁判所以外の他の特別機関に委《まか》すべきことを主張するからである。しかしながら、ここに特に民選議院制度を憲法の特徴として掲ぐる所以は、単に立法権を行うために政府や裁判所とは全然独立の機関として設けられたという点よりも、むしろ主としてこの立法権の行使が人民の公選によって挙げられたる議員の団体に任せられて居るという点に存する。故に我々はこの点をば一種別個の特色として掲ぐるのである。しかのみならず、実は世間でもこの点をば他のすべての点に優って憲法の最も主なる特色として認めて居るようである。否、往々これをもって憲法の唯一の特色なりとすら考うるものも尠《すくな》くはない。それほどにこれが大事な特色なのである。されば歴史上から云っても、憲法の要求または憲法政治創設の要求は、しばしば「我に民選議院を与えよ」という叫びによりて主張せられて居った。現に我が国においても、憲法要求の第一声たる明治七年一月十八日の建議は、板垣退助、後藤象二郎、副島種臣、江藤新平、小室信夫、古沢迂郎、由利公正、岡本健三郎八氏の署名をもって民選議院設立建白書という形で提出された。また明治十三年四月十七日、片岡健吉、河野広中両氏の連名にて太政官に執奏を願出でて拒《しりぞ》けられた第二の建議も、国会開設願望書と云うのであった。これ蓋し当時の人々が民選議院の制度をもって立憲政治の全部または少なくともその大部分と考えて居たためであろう。この種の考えはむろん西洋にもあった。しかしてかかる誤解の生じたのも、畢竟この制度が立憲政治の数ある特色の中、特に擢《ぬき》んでて最重最要のものであったからである。しからば何が故にこれが最重最要であるかと云うに、この機関のみがその組織に人民の直接に干与し得るものであるからである。他の機関は、政府にしても、裁判所にしても、これを組織するものは政府の任命にかかる専門の官吏である。これら官吏の任命に関して人民はほとんどなんら直接の交渉を持たない。しかるに議会は全くこれと異なり、これを組織する議員は人民の直接に選挙する所である。したがって人民は自由にこれを左右し、もって十分に民意を発表せしむることが出来る道理である。もし立憲政治と云うものが、後にも説くが如く、人民の幸福利益を、人民自らをして主張せしむるために出来たものであるとするならば、民選議院の如きは最もよくその本旨に協《かな》うものと云わなければならぬ。こういう理由からして、この制度は近代の憲法には到底これを欠くべからざるものとして尊重せられて居る。

この制度を欠く時は、いかに他の制度に関して完備せる規定を設けて居っても、これを近代的意義における憲法とはいうことが出来ない。

以上をもっていわゆる近代の憲法なるものの欠くべからざる要件を尽くした。かくの如き要件を具備すれば、ここに憲法が存在するのである。かくの如き憲法を有してこれを政治の遵則とするものを、我々は立憲政治というのである。

憲政有終の美を済すとは何の謂ぞ

以上予はいわゆる憲法なるものの意義を説き、この憲法に遵拠して行う所の政治がいわゆる立憲政治であるということを明らかにした。しかしここに更に考えねばならぬことは、いわゆる「憲法に遵拠する」というは一体何を意味するかということである。そもそも憲法に遵拠するということは、先にも述べたるが如く、ただ憲法法典を制定し、これに基いて種々の政治機関を組織するということだけではない。すなわちあるいは議会を作り、あるいは裁判所を設け、もって憲法法典中にそれぞれ規定する所を形式的に充たすというだけではないのである。もとより憲法は千載不磨の大典である。その条項は濫《みだ》りにこれを紛更するを許さない。また勝手に曲解してもならぬ。その規定するところの条文には最も忠実に従わねばならぬこともちろんである。が、しかし、ただその条項に形式的に忠実ならんとするのみが憲政の全部と思うならば、これ大なる誤りである。しかるに憲法創設の当時は、多くの人は皆この誤解に陥った。憲法という法典さえ発布になれば、我々は一転して黄金世界に入ることが出来る。議会さえ開くれば我々は一躍して十二分の幸福を享《う》くることが出来ると考えた。憲法の発布、国会の開設というものそのことに、不当に過大なる期待をかけたということは、我が国でもそうであったが西洋でもまた同一、いわゆる東西その軌を一にして居ったのである。西洋のある国ではいよいよ憲法が発布になったというので、これを人民に知らすところの新聞号外は、翌日《あした》からパンの値段が半分に下がるとか、牛乳がただで飲めるとか書いてあったそうだ。つまり非常に生活を楽にする所の一種天来の福音として憲法を迎えたのであった。これと同じような話が、明治二十二、三年頃の我が国にもあったことは人の知る所である。しかしながら単純なる憲法の発布、単純なる議会の開設は、それだけでもって直ちに人民の権利自由を完全に保障し、我らの生活を十二分に幸福に為し得るものではない。制度その物はそれだけでは決して吾々に実質的の利益を提供するものではないのである。これもとより明白なる道理である。果せる哉、爾後の経験は明らさまにこの道理を吾人に示した。けれども初め人々はこれに多大の期待を繋《か》けたので、その期待の空に帰するを見るや、彼らは大いに失望した。しかして期待の大なりしだけ、また落胆は実に非常なるものであった。西洋では失望が転じて呪咀となり、呪咀は再転して憤激となり、ために第二の革命を起したような例もある。要するに憲法施行後のしばらくの経験は、吾人に教うるにこれによって多大の幸福を齎《もた》らし得べしとする当初の信念の妄なることをもってした。かくして我らは憲法施行後の経験によって、制度の確立その物は、未だもって十分に人民の権利自由を保障し、その幸福を進むるものでないということを悟った。少なくとも在来の制度は決して満足なるものでないということをつくづく感ずるに至ったのである。

憲法の制定・議会の開設そのものが我々の期待に背き、我々に失望を与えたということから来る所の我々の不満に、細かく見ると自ら二つの種類がある。第一は、いわゆる従来の憲法的制度というものは本来、我々の権利を保障し、我々に幸福を来たすものではない、これによって自由幸福を贏《か》ち得べしと考えたのがそもそもの誤りであるという説であって、すなわち全然憲法制度の効用を否認するものである。予はこれを名づけて絶対的悲観説といおう。もっともかくの如き極端な説は、欧米においてもいわゆる識者という階級からはあまり唱えられて居ないようだ。ただ不幸にして我が国においては今日なおこの種の信者を少なからず見るのであるが、しかしこの説の謬《あやま》りなることは深く論ずるの必要はなかろう。仮りにこの説に多少の真理ありとしても、今更憲法をやめて昔の専制政治に復るということは事実不可能であるから、我々は、憲法政治は最早これを廃止するを得ずという前提の上に立って、国家の繁栄と人民の幸福とのために徐《おもむ》ろに最善の努力を加うべきでないか。第二の不満は、現在の憲法的制度をもって必ずしも第一説の如くその本来の目的を達するに適せざるものと視るのではないが、ただその制度に欠点あり、またその運用の方法に適当ならざるところありしがために予期の如き成績を挙げないのであると観るの説である。前者の絶対的に対して予はこれを相対的悲観説と名づけたい。これはもとより一種の悲観説ではあるけれども、現在の制度に幾多の改善を加え、且つその運用を適当に指導するときは、自由の保障、幸福の増進という本来の理想を実現すること必ずしも不可能にあらずと信ずるものであるから、一面においてまた一種の楽観説であるとも云える。この説は今日多数の人によって唱えらるる通説である。しかしてわがいわゆる憲政有終の美を済《な》すの論は、実にこの説に根拠して起るものである。何となればこの説は多少の努力を条件として、結局の成功を信ずるの立場に在るからである。

いわゆる憲政は憲法の制定をもって初まる、けれどもその有終の美を済すには実に国民の多大の努力奮闘を要すること前述の通りである。一挙にして有終の美を済し得ざるところに、いわば憲政の有難味があるとも言えるのであろう。要するに我々は立憲治下の国民として、その有終の美を済すためになお一層努力せねばならぬ。しかしながらその努力は盲目的ではいけない。一定の主義方針に基く奮闘努力たるを要する。しからばその一定の主義方針とは何であるかというに、これは言うまでもなく、もともと憲法の制定を見るに至らしめた根本の思想でなければならぬ。いわゆる憲法の奥の奥に潜んで居るところの根本精神でなければならぬ。この根本の精神に従って、我々は制度の足らざる所に改善を加え、且つその運用を適当に指導することに全力を注がなければならない。一言にしてこれを云えば、いわゆる立憲政治は憲法の条文に拠って行うところの政治なると共に、またその精神に拠《よ》って行うところの政治でなければならぬ。我々は憲政の運用に当って、憲法法典細かに定むるところの規定と相背いてはいけないが、更に進んでその規定の裏面に潜む精神に副《そ》うて居るかをも深く省察せねばならぬ。憲法法典の条項は法律学者に取ってはなるほど唯一の大事な典拠であろう。しかし憲法政治の成果その物を大事とする我々国民に取っては、条項よりも実はむしろその精神が大事なのである。もとより条項を離れて精神がないとも言える。しかし条項の活用もまたその精神をよく酌み取るにあらずんば、決して正しきを得ることは出来ない。これ今日欧米各国において、相当に完備せる憲法法典を有するにかかわらず、その運用の得失について絶えず問題の起る所以である。憲法の未だ布《し》かれざりし古《いにしえ》にあっては、憲法を与えよと云うて天下の人は争った。憲法のすでに与えられた今日においては、更にその精神に遵拠してこれを運用せよと云うて、天下の物論は依然として囂々《ごうごう》たりである。憲政の前途もまた多事なりといわねばならぬ。

しからば憲法の精神とは何か。これは一概に論ずることは出来ぬ。国によって必ずしも同一ではない。詳細のことは個々の憲法につきその条項を詳《つまび》かに研究し、またその制定の来歴をも明らかにして、初めてこれを知るべき問題である。しかしながら総ての憲法に通ずる、いわゆる立憲政治一般の根拠を成すところの精神というものは、大体においてまたこれを知ることが出来ぬでもない。蓋し近代の憲法政治は疑いもなくいわゆる近代の精神的文明の潮流と離るべからざるの関係にある。近代文明の大潮流が滔々《とうとう》として各国に瀰《び》漫《まん》し、その醞醸《うんじょう》するところとなって憲法政治は現れ出たものである。しかれば近代諸国の立憲政治には、共通の一つの精神的根柢の存することは争われない。もっとも旧時代の遺物たる特権階級の今日なお勢力を振るう国においては、世界の大勢に促されて憲法を発布したるにかかわらず、依然これを旧式政治の思想を傷つけざるように運用せんと欲して、自国憲法の精神が、なんら他国の憲法と共通なる基礎を有せず、むしろ自国特有の色彩を有する旨を誇示高調するものも少なくはない。我が国において往々見るが如き、純然たる国民道徳の基本観念たるべき国体観念を憲法学へ援引して、西洋流の立憲思想による憲法の解釈を阻まんとする風潮の如きはすなわちこれである。露国などもまたこれと同様で、ことさらに西欧憲法に通有なる諸原則の適用を阻まんがために、わざわざ共通の称呼を捨てて、古風な文字を憲法条文中に使って居る。かくの如く、人によっては、各国立憲政治の共通なる精神的根柢の上に築かれたという性質を承認しないものがある。が、しかし少しく近代の文明史に通ずるものは、諸国の憲法、一として近代文明の必然的産物たらざるなきことを認めざるを得ない。これまた史実の明白に我々に示すところでもある。もとより各国それぞれの憲法は、一面共通なる精神を基礎とすると共に、他面各々その国特有の色彩を帯びて居ることは論を俟たない。これら各国特有の色彩は、これを概括することはもとより困難だが、その共通なる精神的根柢に至っては、近来世界の文明史上より推断してこれを知ることが出来る。これ実に近代の憲法を理解し、その運用を指導する上に極めて必要なる準備智識である。いわゆる憲政有終の美を済すの途は、実にこの共通の精神を理解することをもって始まらねばならぬ。しかして予はこの各国憲法に通有する精神的根柢をもって、民本主義なりと認むるものである。

憲政の精神的根柢——民本主義

民本主義という文字は、日本語としては極めて新しい用例である。従来は民主主義という語をもって普通に唱えられて居ったようだ。時としてはまた民衆主義とか、平民主義とか呼ばれたこともある。しかし民主主義といえば、社会民主党などという場合におけるが如く、「国家の主権は人民にあり」という危険なる学説と混同されやすい。また平民主義といえば、平民と貴族とを対立せしめ、貴族を敵にして平民に味方するの意味に誤解せらるるの恐れがある。独り民衆主義の文字だけは、以上の如き欠点はないけれども、民衆を「重んずる」という意味があらわれない嫌いがある。我々が視てもって憲政の根柢と為すところのものは、政治上一般民衆を重んじ、その間に貴賤上下の別を立てず、しかも国体の君主制たると共和制たるとを問わず、普ねく通用する所の主義たるが故に、民本主義という比較的新しい用語が一番適当であるかと思う。

民本主義という言葉は、実は西洋語の翻訳である。この観念の初めて起ったのが西洋であるので、我々は観念その物と共に名称をも西洋から借りて来た。西洋ではこの観念を表すに、デモクラシーの文字をもってして居る。民本主義はすなわちこの語の翻訳である。西洋でデモクラシーという言葉は、聞くところによれば希臘《ギリシア》語から起って居るそうだ。希臘語でデーモスというのが人民で、クラテオというのが支配の意味。この二つから成ったのであるから、デモクラシーとは、要するに「人民の政治」の意味である。今更事新しく説くまでもないが、古代希臘の国家は、今日欧米諸国に見るが如き莫大な地域を有するものではなかった。周囲に多少の属領地を有するささやかな都会その物がすなわち独立の国家であった。したがって都会の市民が概して言えば国民の全部であった。しかして地域も狭く、人数も左程多くないから、これらの市民は総て直接に市政すなわち国政に参与することが出来たのである。当時希臘以外の他の多くの国家においては、一人もしくは数人の英雄が、君主または貴族の名において国家を支配し、人民はただこれに盲従するのみであったのに、独り希臘の諸国家においては、人民自ら政治するという特色を持って居った。この特色ある政体を指称するがためにデモクラシーという言葉が生れたのである。もっとも近代の国家と古代希臘の国家とは、今日色々の点において非常な差異があるから、古代の国家に通用する観念を、直ちに今日の国家に当て箝《は》めることは出来ない。けれども人民一般を政治上の主動者とするという点だけは、昔の希臘も今日の欧米諸国も同一である。そこで我々は今日の国家の政治上の特色を言い表すに、昔の希臘に起った文字をそのまま借用するのである。

しかるに洋語のデモクラシーという言葉は、今日実はいろいろの異なった意味に用いらるる。予輩のいわゆる民本主義は、もちろんこの言葉の訳語であるけれども、この原語をいつでも民本主義と訳するのは精確でない。デモクラシーなる言葉は、いわゆる民本主義という言義の外に更に他の意味にも用いらるることがある。予輩の考うるところによれば、この言葉は今日の政治法律等の学問上においては、少なくとも二つの異なった意味に用いられて居るように思う。一つは「国家の主権は法理上人民に在り」という意味に、またモ一つは「国家の主権の活動の基本的の目標は政治上人民に在るべし」という意味に用いらるる。この第二の意味に用いらるる時に、我々はこれを民本主義と訳するのである。第一の意義は全然別個の観念なるが故に、また全然別個の訳語を当て篏めるのが適当だ。しかして従来通用の民主主義という訳語は、この第一の意味を表すにあたかも適当であると考える。従来我が国では、西洋でこの間の区別を顧みず、ただ一概にデモクラシーと称えたと同様に、第一の意味に用いられた場合も第二の意味に用いたる場合も、等しくこれを民主主義と訳したのであった。かく一つの呼び方のみをもってしては、明白に異なった二つの観念を錯乱混同するの弊害あるのみならず、また民主という名目のために、民本主義の真意の蔽《おお》わるる恐れもある。故に予は等しくデモクラシーという洋語で表さるるものでも、その意義の異なるに従って、あるいは民主主義あるいは民本主義と、それぞれ場合を分って適当な訳字を用うることにしたいと思うのである。

民本主義と民主主義とは、明白に別個の観念ではあるが、西洋で同一の言葉をもって言い表されただけ、その間の関係がまた極めて近いものがある。したがって民本主義の何たるやを解するには、一通り民主主義の何たるやを明らかにすることが必要であり、且つ便利でもある。いわんや我が国においては、民主の名に妨げられて、民本主義の適当なる理解を有せざるものが少なくない。ために民本主義の発達は幾分阻礙《そがい》せられて居るの嫌いなきを得ない。故に国民をして、民本主義の正当なる理解の上に憲政の発達のために尽力せしむるという見地から見ても、この二者の区別を明らかにすることは極めて必要であると信ずる。

民本主義と民主主義との区別

民主主義とは、文字の示すが如く、「国家の主権は人民に在り」との理論上の主張である。されば我が国の如き一天万乗の陛下を国権の総攬《そうらん》者として戴く国家においては、全然通用せぬ考えである。しかしかく云えばとて、民主主義を云々することが、直ちに君主制の国家に在っては危険なる、排斥せねばならぬ主張であると、一概に云うことも出来ない。何故なれば、この主義にも細かく観れば二つの種類があって、その一方はなるほど国体擁護の立場からこれを排斥せねばならぬものであるけれども、他の一方は必ずしもこれを危険視するの必要はないものであるからである。しからば民主主義の二つの種類とはいかなるものを云うか。

第一に民主主義は、凡そ国家という団体にあっては、その主権の本来当然の持主は人民一般ならざるべからずという形において唱えられることがある。これを予は絶対的または哲学的民主主義と名づけたい。これは抽象的に国家の本質を考え、その権力の所在は理論上必ず人民でなければならぬと説くのだから、この立場から云えば、共和国が唯一の正当なる国家であって、君主国の如きは不合理なる虚偽の国家である。君主は人民より不当に権力を奪ったものであるという結論に達せざるを得ない。かかる意味で唱えらるる民主主義こそは、我が国などで容れることの出来ない危険思想である。もっともこの考えは、仏国大革命の前後一時盛んに唱えられ、革命の原因は実にこの説に胚胎《はいたい》して居るのであるが、今日では最早、この説の理論上の欠点は十分に認識せられ、君主国においてはもちろん、民主国においてもこの説をそのまま信奉するものは至って尠なくなった。ただ一部の極端なる社会主義者の間にこの思想が今日なお幾分残って居る位のものである。社会主義そのものは本来現在の社会組織の維持には反対するけれども、国権の所在を動かすことまでも主張するものではない。ただ現在の社会組織を維持せんとするものは、一般に国権の掌握者の保護の下に社会主義の要求を斥《しりぞ》くるを常とするが故に、社会主義は一転して民主主義となるの傾きはある。現に西洋諸国の社会党は、多くは社会主義の外に民主共和の理想を掲げて、これを二大根本主張として居る。独逸《ドイツ》の社会民主党の如きはその最も明白なる例である。この点において我々は、我が国の当局者が何も危険のない社会主義の学問的研究などを無暗《むやみ》に干渉するのを些《いささ》か遺憾に思うものであるけれども、社会主義者の実際的運動に対しては、相当に厳しき制束を加うるのを視て、多少これを諒とせざるを得ないと考うるものである。何となれば、社会主義者の運動は多くの場合において、民主共和の危険思想を伴うこと、従来諸国の例に明白であるからである。現に我が国でも幸徳一派の大逆罪は、社会主義者の間から輩出したではないか。社会主義を真面目に研究せんと欲するものは、深くこの点に注意するを要する。要するに国家の本質を哲学的に考察し、国権は絶対的に無条件的に人民にあらざるべからずと抽象的に断定する時、民主主義は我が国の如きにおいて危険視されまた排斥せられても仕方がないのである。

第二に民主主義は、ある特定の国家においてその国の憲法の解釈上主権の所在は人民に在りと論断するの形において唱えらるることがある。これを予は相対的または解釈的民主主義と名づけたい。これは総ての国家に通じて主権は常に人民に在らざるべからずと主張するのではない。すなわち君主国の合理的所在を否認するものではない。君主国もまた民主国と同じく立派に存在することを得るが、ただ憲法の解釈上疑いが起った場合に、その国の主憲は憲法の解釈の上より見て、人民に在りと解さなければならぬと主張する時、この第二の意義の民主主義が成り立つのである。もっとも大多数の場合においては、主権の所在という問題は憲法上初めから極めて明白なるを常とする。例えば我が国においては帝国憲法第一条に、「大日本帝国ハ万世一系ノ天皇之ヲ統治ス」とあり、また第四条には「天皇ハ国ノ元首ニシテ統治権ヲ総攬シ此憲法ノ条規ニ依リ之ヲ行フ」とありて、憲法の解釈上毫も民主主義を容るべき余地がない。また仏蘭西や北米合衆国に至っては、これに反して主権在民の意義極めて明白。これまた民主主義を認むべきや否やを争うの余地は全然ない。されば憲法解釈上の議論としては、改まって民主主義の主張が鹿爪らしく唱えらるる場合は極めて尠いといわねばならぬ。しかしながらこの問題は稀に実際上に全く起らぬでもない。例えば白耳義《ベルギー》の憲法においては、第六十条において立派に世襲君主を認めて居りながら、第二十五条においては明白に「総テノ権力ハ国民ヨリ出ヅ」ということを規定して居る。更に第二十九条には、「国王ハ憲法ノ定ムル範囲内ニ於テ行政権ヲ有ス」とある。故に白耳義に付ては一体これを君主国と見るべきや民主国と見るべきやが甚だ明白でない。少なくとも憲法解釈上の一疑問として論究せらるるの価値はある。また英国においては、成文の憲法はないけれども、最近時々国家の権力は国王と貴族院と衆議院とより成るパアリアメントに在りと云うことが云わるる。これは現に一九一三年四月十五日、愛爾蘭《アイルランド》自治法案に関する首相アスキスの演説の中にも現れて居った。して見ると英国においては、国王は唯一の主権者ではないように見える。ここにおいて英吉利においてもまた民主・君主の争いは憲法解釈上の一疑問たるを失わない。これらの場合に英吉利や白耳義の憲法を精細に研究し、その国体を民主なりと論ずるの説がありとすれば、我々はこれに民主主義の名称を与うるに躊躇《ちゅうちょ》しない。この種の説が日本憲法の解釈として起ると仮定すれば、これまた一危険思想である。しかし日本憲法をいかに牽強附会しても、こんな説の起りようはずはない。しかれば日本でこの種の民主主義を云々する場合は、必ずそはもっぱら外国憲法の研究についてである。それならば何も危険として警戒すべき訳のものではないのである。

解釈上の民主主義の唱えらるる面白い例は独逸帝国にある。独逸は二十五の独立国家より成る聯邦であるが、纏まっては名称の示す如く帝国である。聯邦の首長は普魯西《プロシア》国王これに当り、子孫相継いで皇帝《カイゼル》と称することになって居る。して見れば君主国たるに一点の疑いないようであるが、独逸の社会民主党は独り一種違った解釈をこれに下して居る。社会民主党がその根本主張の一として共和主義を掲げて居ることは前に述べた。彼らの主張は凡て国家は元来共和国たらざるべからずと云うに在るのか、あるいは国家としての価値は君主国体よりも共和国体の方が優って居る、したがって共和制を理想とすると云うに在るのか、この点は些か明瞭を欠くようであるけれども、いずれにしても共和主義を旗印の一つとして居ることは疑わない。しかるになおその上に彼らは独逸憲法上の解釈として「独逸は共和国なり」と主張せんとするのである。彼らは曰く、独逸は名は帝国というけれども、その法律上の性質は君主国ではない。なるほどこれを組織する各聯邦の大部分は明白に君主国である。独逸を組織する二十五の聯邦中には、王国が四つ、大公国が六つ、公国が五つ、侯国が七つ。他の三つはいわゆる自由市と称する共和国である。故に少なくとも二十二の独立君主国を含んで居る。しかしこれらの二十二の君主国と三つの共和国とより成る所の全体は君主国ではなく一種の共和国である。ただ普通の共和国と違う所は、彼《ひ》にあってはこれを組織する単位が個々の人民であるに反し、此《し》に在りては各独立国家その物が単位である。しかれば独逸皇帝は世襲でこそあれ、また名をカイゼルとこそ称すれ、その法律上の性質は、共和国の大統領となんら異なる所はない。プロシア国王として彼は君主の待遇尊称を受け得ること、もとより言を俟たぬ。しかし独逸皇帝としては彼はハンブルグやブレーメンなどの自由市の市長となんらその資格を異にするものではないと。こういう見解を立てて独逸の社会民主党は独逸の憲法を解して、一種の民主共和の原則に基くものと主張して居る。この説のもとより牽強附会たることは論を俟たず、またこの説を取っては帝国議会の構成等の説明がつかないのであるが、しかし彼らは独逸は共和国なりと前提して実際上いろいろの面白い言動をなして居る。例えば彼らが、党議をもって、皇帝万歳、ならびに宮廷伺候を禁ずるが如き、すなわちそれである。日本でも西洋でも、普通友人の間でも万歳という言葉を唱うるのであるが、しかし本来の言葉の起りはただ国君に対してのみ唱うべきものであるそうだ。そこでこの意味における万歳は国君のみ独り受くべきものであるから、大統領の資格を有するに過ぎざる独逸皇帝にはこれを与うべきものではないと、こういう理由から、社会党員はいかなる場合でも皇帝万歳を合唱しない。議会の開院式閉院式などで議長の発声で万歳を唱うる場合には、社会党員は挙《こぞ》って退席するを例とする。もっともこれは独逸におけるのみの例ではない。墺太利《オーストリア》でも伊太利《イタリア》でも露西亜《ロシア》でも同様である。また宮廷伺候すなわち国君に対する例をもって儀式上宮廷に伺候するというようなこと、これも社会党は党議をもって禁じて居る。社会党の全盛を占めて居る自由市の市長すなわち一国の大統領に当るべき市長は、天長節その他宮廷の重大なる祝賀に際して、臣礼をもって宮廷に伺候せざるはもちろん、祝電をすら発しない。発すれば必ず自分と同格の他の自由市の市長に発する場合と同じような形式を取る。かつて皇帝が事があってハンブルグに行幸された時、市長が皇帝のために盛宴を張り、その歓迎の辞を述ぶるに当って、「我が同役《マイン・コレーゲ》よ」と呼び掛けて、座にある人を驚かしたという話がある。この外社会党は独逸帝国刑法の中から不敬罪に関する項目を除くべしと云うことを政綱の一として掲げて居る。不敬罪は君主的栄誉の反映である。共和国に不敬罪というものはあり得ないという理窟に基く。甚だしきは帝国議会における予算討議の際、皇室費に関して皇帝の「賃銀《アルバイツローン》」が高いとか安いとかいう言葉を使うものすらある。これらはむろん甚だ不謹慎な言動であると思うのであるが、社会党の立場から言えば、皇帝をもっていわば共和国大統領視して居るのだから、何も不都合はないと解して居るのだろう。独逸皇帝が社会党を見ること蛇蝎《だかつ》の如くなるはまた怪しむを用いぬ。

以上の如く民主主義は、あるいは国権の所在に関する絶対的理論として唱えらるることがあり、あるいは特定国家の憲法解釈上の判断として主張せらるることがあるが、いずれにしても、国権の法律上の所在はどこに在るかという問題に関して居る。したがってこの主義が初めから君主国体たることとの明白なる我が国の如きに通用のないのは、もとより一点の疑いを容れぬ。されば予が近代各国の憲法――民主国体たると君主国体たるとに論なく――の共通の基礎的精神となすところの民本主義とは、その名甚だ似てその実すこぶる異なることは、極めて明白であると信ずる。

民本主義に対する誤解

いわゆる民本主義とは、法律の理論上主権の何人《なんぴと》に在りやと云うことは措《お》いてこれを問わず、ただその主権を行用するに当って、主権者は須らく一般民衆の利福ならびに意嚮《いこう》を重んずるを方針とすべしという主義である。すなわち国権の運用に関してその指導的標準となるべき政治主義であって、主権の君主に在りや人民に在りやはこれを問う所でない。もちろんこの主義が、ヨリ能く且つヨリ適切に民主国に行われ得るは言うを俟たない。しかしながら君主国に在ってもこの主義が、君主制と毫末も矛盾せずに行われ得ることまた疑いない。何となれば、主権が法律上君主御一人の掌握に帰して居ると云うことと、君主がその主権を行用するに当ってもっぱら人民の利福及び意嚮を重んずると云うこととは完全に両立し得るからである。しかるに世間には、民本主義と君主制とをいかにも両立せざるものなるかの如く考えて居る人が少なくない。これは大なる誤解と云わなければならぬ。

民本主義に対する誤解の大部分は、理論上の根柢なき感情論に出ずる場合が多い。殊に従来特権を有して独り政権に参与し来った少数の階級は、その特別の地位を損われんことを恐れて、感情上盛んに民本主義に反抗するのであった。蓋し民本主義は特権階級の存在に反抗するものなるが故に、彼らの喜ぶ所とならざるはもとより止むを得ない。これらの感情に基く誤解ないし反抗は、我らのここに理論をもって論駁すべき限りではない。ただこれらの少数の階級は本来多くは国家の先覚者たるべき地位に居るものであるのに、時勢の変を知らず大勢の推移に眼を掩って、徒らに旧時代の遺物たる特権の擁護に熱中するのは、予輩の甚だ遺憾とする所である。しかのみならず彼らのかくの如き態度は一面また憲政の発達を阻礙すること夥《おびただ》しきものがある。このことは少しく特に論弁するの必要がある。

元来これらの少数特権階級の連中は憲政の進歩の上に一種特別の使命を有して居るものである。すなわち彼らは従来国家の待遇殊寵を受けて居ったその地位を利用し、常に一歩民衆に先んじ社会を指導し民衆の模範たるの実力を養うと共に、謙遜《へりくだ》ってまた民衆の友となり民意の代表者となりて、公に役するの本分をもって居るものである。換言すれば社会組織の実質的関係において彼らは飽くまで民衆の指導的精神たるの抱負を有せねばならぬものである。もっとも彼らは社会組織の形式的関係においては飽くまで民衆の僕《しもべ》をもって居らねばならぬ。すなわち表向きはどこまでも民衆の勢力というものを先に立てながら、内実において彼らは民衆の指導者となるべき天分を有して居るのである。この関係が紊《みだ》れざるときに、社会は健全であり、憲政も進歩する。もし彼らにして民衆を率いるの実際の識と能となくしかも傲然《ごうぜん》として民衆を支配せんと欲するならば、ここに社会は大欠陥を現出する。民衆と親しまざる少数者と、指導者を欠く民衆と、両々相対抗して徒らに紛更を重ね、憲政の進歩発達は停滞せざるを得ない。今日憲政の運用蹉跎《さた》として振るわざる国は多くはこれらの特権階級が徒らに旧時代の夢想に耽《ふけ》る所の国である。過去において彼らは形式的制度の上で一般人民の支配者であった。新時代においては彼らは実質上の精神的支配者たるに甘んじ、またこれをもってその天分と為し、形式支配者の地位は潔くこれを人民に譲らなければならない。時代の変遷に応じて、彼らの態度、彼らの心事に一変遷を見ざる以上は、憲政の真の発達は期せられない。世人ややもすれば憲政の発達今日意の如くならざるは国民の思想の進歩せざるに在りという。しかしながら国民思想の進歩すると否とは、実は先覚者がこれを適当に指導するや否やによって定まる。少数の先覚階級が依然固陋《ころう》の見解を改めずしては、いかに口に立憲思想普及の必要を唱えても、国民一般の心裡に健全なる政治思想を扶植することは出来ない。この点において予は、社会の上流に居る少数の賢明なる識者階級に向って、彼ら自身の立憲思想の真の理解とまた民衆に対する指導の職分の自覚とを希望せざるを得ない。いわんや、国際競争の激烈なる今日、国民の自覚自開によって国家の内面的勢力を充実するの極めて必要なる今日に在っては、これら先覚者の指導によって国民の自奮を促すこと実に焦眉の急に属する。鎖国時代ならば、日本には日本の特色があるとか、支那には支那の特色があるとか云って、世界と没交渉に各々独自の方向を歩んで居ってもよかったろう。しかし今日の時勢は、断じてこれを許さない。我々は今や世界と共に進歩し、世界と共に同じ途を競争せねばならぬ運命に置かれてある。

感情論に基く誤解の外、なお相当の理論的根拠に基いて、あるいは少なくとも相当の理論的根拠に基くの外観を呈して、民本主義を難《かた》んずるの議論がある。その一つは民本主義と民主主義とを混合し、少なくともその間の区別を明白に認識せずして、これをもってあたかも主権在君の大義に悖《もと》る説なるが如く考うるものである。従来の用語例では、ただ一つの民主主義という言葉をもって二つの異なれる観念を言い表わして居ったのであるから、したがってこの種の誤解を抱くものの在ったのも無理はない。しかしこの考えの誤りなることは前に述べた所でも明らかであるから、ここに再びこれを論弁せぬ。第二は民本主義発達の沿革に徴して、民本主義は常に必ず民主主義と提携するという事実に基き、この点において君主制と相容れないと観る考えである。この一派は更に主張して云う。民本主義の確立は革命と云う階段を経た。しかして革命は民主主義の流行に基いて居る。かくして民本主義は歴史的に見れば民主主義と明白に分化せずして共存して居った。啻《ただ》に過去の歴史において然るのみならず、今日でも民本主義の要求はその激する所往々にして民主的革命的傾向を帯びやすい。すなわち民本主義は民主主義を伴いやすいのである。して見れば民本主義と民主主義とは理論上明白に別個の観念であるとしても、実際の運動として現る時は、二つのもの必ず一所になる因縁を有して居ると。この説はある点までは真理である。なるほど憲政発達の歴史を見ると、多くは革命という階段を経て居る。前に述べた通り、近世憲法の発達は細かく見ると三つの違った径路を取って居り、その中、米国系統の憲法はなんら抗争すべき特権階級のない新天地に現れたのであるから、この方にはほとんど革命という階段はない。革命という危険な経過を取っていない代り、始めから人民主権の原則に基いて居るので、米国流の憲法の下においては民本主義と民主主義とは適用上明白に区別して認識されて居ない。これに反して大陸諸国の憲法は、しばしば述べた如く、特権階級に対する民権の抗争の結果として現れたものであるから、その程度に緩急の別はあるけれども、いずれも共に革命という順序を経て居る。英国は比較的徐々に進歩したものであるけれども、しかし革命的民主思想の発現は歴史上にしばしばその例を残して居る。もしそれ仏蘭西の憲法に至っては、古今に絶する惨憺たる革命の結果として出来たものなることと敢て多言を要しない。もっとも特権階級の打破という目的は、仏国ですらこれを十分に達し得なかったから、純粋の民主主義の極度に主張し得ざるを発見した結果、民本主義の観念だんだん明白に認識せらるるようになったけれども、しかしその初めにおいては二者の観念明らかに区別せられず、かくて欧羅巴大陸の憲法は概《おおむ》ね等しく革命的民主思想の賜《たまもの》として現れたと云わねばならぬ。そのみならず、民本主義の観念がやや明白になった後でも、その要求を貫徹せんと努力するに際し、特権階級の強き反抗に逢わん乎《か》、彼らはこれを打破せんと熱中するの余り、時々革命的民主思想をもって脅かしたと云う事例にも富んで居る。故に民本主義と民主主義とは宜しくこれを区別して認識すべしということは、談甚だ容易なれども、実際の適用にもこれを厳格に相分たんとするは、すこぶる困難と云わねばならぬ。この点において一部の識者が民本主義の流行を憂うるのは、一応の理由はあると思う。しかしながら、その起源において革命的民主思想に出でたからと云って、いつでも危険なものであると断定するの誤りなるは、例えば人間が猿より出でたるが故に常に猿の如き劣性を有するものなりとする論法と同一であってもとより取るに足らぬ。のみならず多少の危険を伴う恐れあるが故にこれを禁ずべしというのは、あたかも多少突飛な人間の輩出するの恐れあるからと言って、女子に高等の教育を授くべからずというが如きものにして、社会国家の進歩発展を念とするものの、もとより採らざるところである。多少の弊害の出現に逡巡しては進歩発達の事業は何一つ手が出せない。国家社会の発達に必要なりとすれば、ドンドンその目的に協う方法を採るべきである。しかしてこれによって生ずるの恐れある多少の弊害は、我々これを防止するがために大いに奮闘せねばならぬ。我々は徒らに安逸を貪《むさぼ》って従来の因襲に籠城すべきではない。発展は奮闘を要する。我々は立憲国民としてまず快よく世界の大勢に門戸を開放し、積極的に国家社会の大進歩大発展を計らねばならぬ。しかしてまた退いてこれに伴うあらゆる災害と大いに戦うの覚悟をきめねばならぬ。これ実に立憲国の先覚者をもって任ずる者の光栄なる責任である。この責任を辞せざるの覚悟ある以上、我々は民本主義を採用しても、なんら国家の将来に憂惧すべき必要はないと信ずるものである。

民本主義の内容（一）――政治の目的

予は前段において、民本主義を定義して「一般民衆の利益幸福ならびにその意嚮に重きを置くという政権運用上の方針である」と言うた。この定義は自ら二つの内容を我々に示す。一つは政権運用の目的すなわち「政治の目的」が一般民衆の利福に在るということで、他は政権運用の方針の決定すなわち「政策の決定」が一般民衆の意嚮に拠るということである。換言すれば、一は政治は一般民衆のために行われねばならぬということで、二は政治は一般民衆の意嚮に拠って行われねばならぬということである。これ実に民本主義の要求する二大綱領である。

民本主義は第一に政権運用の終局の目的は、「一般民衆のため」ということにあるべきを要求する

凡そ物には皆それぞれの目的がある。しからば政治は結局において何物を獲《え》んがためになさるるのか、またなさるべきものか。すなわち政治の終局の目的如何というに、この点は時代によって必ずしも一様ではない。ずっと昔の時代にあっては、少数の強者の生存繁栄が確かに政治の目的であった。この時代においては一般人民はこの目的を助くるための道具に過ぎず、いわば牛馬の如き役目を勤むるものに外ならなかった。我が国の歴史を見ても、古代には皇室とその周囲にある少数の貴族が政権の運用を決定する中心的勢力であり、彼らの利害休戚《きゅうせき》がすなわち全体としての政治の目的と目指すところのものであった。一般民衆の利害休戚の如きは、少なくとも意識的には当時の政治家の顧るところではなかった。最もよく平民的政治の行われたと称せらるる古代希臘の都市的国家においてすら、市部以外に在住する民衆は、奴隷として市民のために牛馬の用をなしたに過ぎなかったと言うではないか。されば古代においては政治の目的は少数強者の生存繁栄またはその権力の保持に存し、決して人民一般の利福ではなかった。降《くだ》って中世以後の封建時代に至れば、人民一般の利害休戚は余程尊重せらるるようにはなった。けれどもこの時代といえども、人民の利福が政治上の根本終局の目的となったのではない。何となれば、この時代における政治の中心的勢力は、封建諸王侯ならびにその周囲にある武士の階級である。しかして武士階級はすなわち封建諸王侯の一族郎党に外ならぬ。故にこの時代においては、王室の利害安危その物が実に唯一の天下の大事であった。国土と人民との如きは、当時の観念においては、王室の私有財産に外ならない。ただこの時代においては、国土と人民とが王室のよってもって立つ処の基礎であるという関係が余程明らかになったから、この根拠を培

う と云う意味において民衆がだんだん尊重せられたのである。これ一つには群雄割拠して互いに争うという時勢の影響でもあろう。凡て国際的競争は政治階級をしてますます民衆に頼るの念慮を深からしむるものである。故に王室の利害休戚その物が当時実に唯一の国家問題ではあったけれども、しかし「お家」を大事にするためにはその拠るところの基礎たる国土臣民をも愛護し、撫育するという必要を感じて、そこで当時の政治はすこぶる人民を労《いた》わると云うことになったのである。故に例えば新井白石の如き、あるいは熊沢蕃山の如き、当時の政治学者のいわゆる政治の要訣を論ずるものを見るに、一つとして人民を愛護するの必要を説かざるものはない。しかしながら何のために人民を愛護するのかと問えば、「お家」の安泰のために必要なればなりというに帰する。ちょうど我々が下女下男を使うにあたって、出来るだけ手当を薄くして給与を節約するよりも、面倒を見てやって親切に厚遇した方が、結局家のためになるという慈善論と同一の筆法である。封建時代におけるいわゆる仁政というものは、畢竟その根本思想はかくの如きものである。故に封建時代においては、賢明なる君侯の下においては、人民は相当に幸福なる生活を営むを得たものである。しかしてこれらの人民は君侯の仁徳を仰いで敬慕措かざるものあり、その間一点の不平がなかったのである。けれども今日の我々から見れば、彼らは畢竟慈悲深い主人の下における幸福な下女の如きもので、権利として自家の利福を主張することを許されたのではない。故に一旦お家の大事となれば、人民の利福は蹂躙せられても彼らに文句はなかった。これを例うれば、一旦主人が破産でもすれば、下女は約束の給料を貰うことの出来ぬはもちろん、着て居るものも脱いで、何も彼も主人の家のために取上げられても仕方がないというのが、封建時代の有様であった。ただ多年仁政を布いて居ったがために人民に不平はなかったまでのことである。されば平素仁政を布いて居なかった処では、こういう場合にはきっと百姓一揆などが起ったものだ。我が民本主義は、以上の如き地位に民衆を置くことに反対するものである。すなわち政治の終局の目的が一転して「人民一般のため」でなければならぬということを要求するものである。単純なる民衆の利益幸福を要求するに止まるものではない。なぜなれば、人民の利益幸福は、封建的思想の下においても、明君賢相の下においてはこれを期待することが出来るからである。しかし名君賢相がいつでもその位に居るということは予め期することが出来ない。故に制度としては、封建的組織の下において人民の利福は永久に安全なるを得ないといわねばならぬ。ここにおいて民本主義は、人民一般の利福をもって「政治の終局の目的」とすべく、断じてある他目的の手段となすべからざることを要求するに至った。一部少数のものの利害のために一般の利福を犠牲にするは、現代の政治において断じて許すことは出来ない。貴族とか、富豪とか、その他種々の少数者階級の便益のために、民衆一般の利福を蹂躙するが如きは、民本主義の最先《まっさき》に排斥するところのものである。

もっともかくいうと、人あるいは民本主義をもって我が国建国の精神たる忠君の思想に背くと難ずるものあるかも知れぬ。民本主義は封建時代の「お家のため」という思想に反対する。「お家のため」ということを大きく見れば、皇室のおためということになる。しからば民本主義は、皇室のおために人民の利福を無視する場合にも反対するのかと問う人があるであろう。この批難については次の二つの点をもって答える。第一に「皇室のおため」ということと、人民の利福の上に立つところの国家のためということとは、今日断じて相矛盾することはない。封建時代におけるが如く、国家内に幾多の小国家が併立する場合には、多くの人の中には小国家あるを知って大国家あるを知らないものが少なくない。現に我が国でも昔、藩と藩と相敵視して国家を忘れた事例に富むではないか。赤穂義士の如きも、藩的見地から見ればその挙真《まこと》に讃嘆に値すべきも、国家的見地から見れば、むしろ一種の罪悪である。我々はただ彼らの動機に偉大なるある物を認むるが故に、今日なおこれを賞讃して措かざるのである。また維新の当時長州藩が英国軍艦の砲撃を受けた際には、対岸の小倉藩辺の人間は小高い山などに上って高見の見物をして居った。文字通りに対岸の火災視して居ったとのことである。これ皆国家的観念の乏しかったためである。したがって小国家に執着する考えが国家全体の利害と衝突することは決して珍しくはない。

この点から見れば、封建時代における「お家のため」は、必ずしも国家のためにはならない。しかしながら今日は、皇室は国家の唯一の宗であるから、皇室のために国家人民の利害を無視せねばならぬというような場合に立ち到ることは到底考えられない。したがって「皇室のため」と「人民のため」と、相逆うことは絶対にないと信ずる。第二に仮りに一歩を譲って二者相逆うことがありとしても、民本主義はすなわち主権者の主権行用上の方針を示すものなるの立場からして、君主は濫《みだ》りに人民の利福を無視すべきものではないという原則を立つるになんら差支えはない。ただ仮りに、皇室のおために人民の利福が無視された場合ありとして、この際人民はいかなる態度を取るべきかという問題になれば、これは例えば主人の破産の場合に下女などが、着て居るものまでも脱いで主家を助くべきや否やという類の問題と同一で、本来上下両者の道徳的関係に一任すべき事柄であって、制度として法律上これをいずれかに強制することはかえって面白くないと思う。封建時代にあっては、いわば平素小恩を售《う》って、いざという場合には、その全人格を挙げて奴隷的奉仕をせよと迫るのであるが、平常いかに面倒を見てやったとて、万一の場合には月給を渡さなくてもよい、着て居る物も脱げということを今日規則として定めて居たとしたら、使わるる者はこれ程不都合な規則はないと思うであろう。主人が不時の窮迫に陥った時、下女がこれを助くると否とはこれを徳義問題として、全然両者の自由意思に任したい。制度として強制するのは、かえって両者の円満なる関係を水臭くする所以ではあるまいか。いわんや君臣の実質的関係の如きは、もと永き歴史の所産であり、法律的制度をもっては一点一劃の微も新たにこれを増減することは出来ないものである。何となればこれは多年の歴史に薫陶されたる国民の精神に根柢を有して居るからである。陛下の御ためには水火もこれを厭わずというのは、日本国民の覚悟である。しかしながらこの覚悟あるが故に、国家は時に人民の利福を無視しても可なり、人民はこれに甘んぜざるべからずと制度の上に定めたならば、これかえって忠良なる国民の精神に一種不快の念を抱かしむる基となるものではあるまいか。故に予は、事実国家が国民に多少の度を超えたる犠牲を要求する場合に、これに応ずべきや否やは、国民の道徳的判断に一任することにしたい。制度としては、どこまでも漫りに人民の利福を無視することはせぬということに極《き》めて置きたいと思う。かく極めても、我が忠良なる国民は、決して一身の安全を計って君国のために計るに躊躇逡巡するものではない。蓋し忠君の思想は建国の精神にして且つ国体の精華である。これを制度の上にわざわざ駄目を押すが如きは、百害あって一益なきを信ずるものである。

かく考えて見れば、民本主義が制度として十分に人民利福の尊重を力説するのは、我が国において毫も不都合を見ない。人民が各々その自由の判断をもって己れを空しうして人のために尽すのは、もとより民本主義の尤《とが》むるところではない。ただこの本来道徳的なるべき行為を制度の上にあらわし、もって人民利福の蹂躙に是認の口実を与うるが如きことは、民本主義の極力反対する所なのである。

これを要するに、民本主義を基礎とする現代の政治は、「人民のため」ということを終局の目的とする。何物のためにも人民全体の利福はこれを犠牲とするを許さぬ。しかるにこの点は今日各国において十分に貫徹せられて居るかというに、必ずしもそうではない。その理由の一つは、やはり封建時代に多年養われたる思想と因襲とが、民本主義の明白に承認せられたる今日、なお種々の形において制度の上に残存し、「人民のため」と云う趣意の十分なる貫徹を妨げて居るからである。この傾向は西洋でも、立憲政治が上下両階級の衝突ならびにその妥協の結果として発達した国に多い。しかしてこの民本主義の徹底的発現を妨げて居る最も主たる原因は、旧時代の遺物たるいわゆる特権階級の存在である。特権階級が法律上与えられたる特権を、適当に利用するに止まるならば、大した弊害もないといえるけれども、彼らはとかくこの特権を楯として、漫りに民権の発達に反抗する。彼らは過去においては法律上特権をもって居ったがために、更に政治上にも特種の地位を得、したがって独り政権に参与するの特典を有して居った。しかして彼らはこれらの特別なる地位を永久に壟断《ろうだん》せんがために、ややもすると人民一般の利福と衝突し、「人民のため」の政治に逆らうの傾向を示す。元来特権階級の存在その物は、国家に取って決して無用の現象ではない。国家に勲労ある者を優遇し、且つこれに特権を与えて、子孫相継いで国民の指導的精神たらしむるということは元来結構なることである。この意味において、国家が貴族というものを設定し、且つ存置して置くのは、極めて有益なことであると信ずる。しかし実際上多くの場合においては、彼らはその特種の地位に狃《な》れ、もって国家優遇の恩に背くこと甚だ少なくはない。甚だしきは、その特権を濫用して、一般の利福を蔑《ないがし》ろにするものすらある。故に、近来の政治上においてはこの特権階級は盛んに民本主義の反抗を買うに至って居るようである。

特権階級に対する民本主義の抗争は、十九世紀の初め、欧羅巴においては相当に激しかった。殊に特権階級がその特権に恋々として民本主義の要求を淡泊に承諾しなかった国においては、この争いは相当に永く続いた。しかし今日となっては、これらの問題は大抵一通りは解決がついたようである。もし今日なおこの種の問題の残って居る処ありとせば、欧羅巴においては露西亜位のものであろう。英吉利では上の階級が十分に一般階級の要求を了解せることにより、独逸においては両者の疏通未だ完《まった》きを得ざれども、上の少数者が常に道徳智識において遥かに平民を凌駕し、その実力をもって民衆を服する点において、両国共に上下両階級の争いはこれをほぼ解決して仕舞ったと云ってよい。翻って我が国は如何というに、不幸にして、一方には民衆の智見未だこの問題を了解し、且つこれを主張するまでに発達して居ない。ただ他方において特権階級は、大体において漸次民衆の要求を理解し、したがってこれに処する所以の道を悟りつつありと認めらるるのであるが、ただ一部のものの間には、あるいは自ら高く標置して民に謙遜《へりくだ》るの雅量なきものあり、あるいは貴族の特権に気驕《おご》りて、奮励もって実力を養わんとせざるものあり、ために貴族に関する反感侮蔑の念を知らず識《し》らず民間に挑発しつつある者あるは、誠に憂うべきことであると思う。蓋し民本主義の要求は、ともかくも世界の大勢である。民本主義と特権階級との関係は、ともかくもいかようにか解決せられねばならない。この両者の関係が平穏の間に解決せられ、もって社会の健全なる発達の素地を作らんとするには、我々は一方においては民衆の智見の発達を計ると共に、なお他方において大いに上流社会の反省を希望するの要求がある。

なおこれに関聯して注意すべきは、近頃我が国などにおいて、右の歴史的特権階級の外に、新たにいろいろの特権階級が発生するの傾向があることである。中にも最も著しいのは金権階級である。俗用の語でいわゆる資本家なるものである。しかしてこの階級に対しては従来社会主義の反抗があった。この両者の関係はあたかも民本主義の歴史的特権階級に対する関係と似て居る。そもそも社会主義が資本家に対して抗争する所以の根本動機は、これまた社会的利福を一般民衆の間に普ねく分配せんとするの精神に基づく。この点において社会主義はまた民本主義と多少相通ずるところないでもない。ただ社会主義は現在の社会組織に革命的変動を与えんとするが故に、あたかも民主主義が君主国において危険視されるが如く、多くの国において同じように危険視される傾きがあった。しかしながら、経済上に優者劣者の階級を生じ、ために経済的利益が一部階級の壟断に帰せんとするの趨向は、これまた民本主義の趣意に反するものなるが故に、近来の政治は、社会組織を根本的に改造すべきや否やの根本問題まで遡《さかのぼ》らずして、差当りこれらの経済的特権階級に対してもまた相当の方法を講ずるを必要として居る。いわゆる各種の社会的立法施設はすなわちこれである。この意味において、民本主義が経済的特権階級とも争うということは、近代各国に通有の現象である。今我が国の状態を見るに、近時いわゆる資本家なるものが頭をもたげ来り、その広大なる金力を擁して漸く不当に社会公共の利益を蹂躙せんとして居る。もっとも這般《しゃはん》の傾向は亜米利加ほど激しくはないが、しかし最近資本家の勢力というものは著しく加わってきた。殊に日清・日露の両戦役後は著しく彼らの勢力を増した。金権は、いずれの世においても一種の勢力たることを失わないが、しかし日清戦争以前においては、実は金権は遥かに政権の下に屈して居った。更に遡って明治の初年に至れば、金権はすなわち節《せつ》を政権の門に屈し、その庇護の下に漸く財力の増殖を計って居った。例えば三菱の大隈伯におけるが如き、三井藤田の井上侯におけるが如き、皆それである。しかるに日清戦争は初めて政権をして金権の前に助力を乞わざるを得ざらしめた。かくて金権は初めて政権と対当の地位に立つようになったのである。もしそれ日露戦争に至っては、桂公の政府は徹頭徹尾資本家の前に叩頭《こうとう》してその財政的助力を求めたのである。ここにおいて金権は一躍して時に臨んで政権を左右し得るの大勢力となった。富豪が爵位を貰ったのも、皆この時以後の出来事である。中には男爵を授けらるることを条件として、多額の軍事公債に応ずることを承諾したものもあると言われて居る程である。かくして金権は政権に迫り、自家階級の利益のために種々の不当なる法律の制定を要求したのである。資本家階級の独りこれを便とし、一般民衆のためには最も不都合なる各種の財政的立法の、今日に厳存するのは皆この結果である。かくして我が国においては最近新たに、法律によって不当にその利益を保護せらるる一新特権階級を生じたのである。この種の特権階級は、将来民本主義の要求と接触して、いかにその間の調和を見るかは、我々の最も憂慮し、且つ注目するところである。金権階級は事、物質上の利害に関するが故に、容易に一般民間の声を聞こうとしない。故に我が国において他日もしこの方面の問題に関して、すこぶる解決に困《くる》しむものありとすれば、恐らくそはこの財政的特権階級の問題ではあるまいか。もしそれこの財政的特権階級が、歴史的特権階級と結托して、傲然民本主義に臨むことあらん乎、国家の不祥これより大なるはない。予はこの点に関して切に識者の注意を惹起し、且つ国家の至寵を恣にする貴族富豪の反省を乞わざるを得ない。

これを要するに、政治の終局の目的が人民の利福にあるべしということ、これ民本主義の第一の要求である。一見民衆一般の全体の利益と係わりないように見えても、詮《せん》じ詰むれば、全般の利益幸福となるというものならば、そは民本主義に悖《もと》らない。終局において民衆一般のためになるかならぬかが標準である。たとい民衆一般のためになる外観を呈するものでも、これが他の目的の副産物として来るものであっては、これもとより民本主義の満足を買うことは出来ないものである。

民本主義の内容（二）——政策の決定

第二に民本主義は政権運用の終局の決定を一般民衆の意嚮に置くべきことを要求する

民本主義は、政治の目的を一般人民の利福に置くのみならず、政策の決定についても、一般人民の意嚮を終局において重要視することを要求するのである。終局において人民の意嚮を重く見ると云うことは、必ずしも個々の問題についていちいち人民一般の意見を聴くという意味ではない。人民の意嚮に反しては何事もしない、すべての政治的活動は明示または暗黙の人民一般の承認なしには行われぬという大体の主義を云うのである。

政策の終局的決定を人民の意嚮に拠らしむべしとする主張の理論上の根拠は、恐らく何が人民一般の利福なるかは人民彼自身が最もよくこれを判断し得ると云うことにあるのであろう。政治にして人民一般の利福を目的とする以上、その運用は須らく何がいわゆる人民一般の利福なりやを最もよく知れるものがこれに当るを必要とする。しかして自家の利福の何たるかはその本人が一番よくこれを知って居るものであるから、近代の政治は、人民一般をして終局的にその方針を決定せしむることが最も能くその目的に適合すると認めたのであろう。啻にこればかりではなく、更にこの主張には実際上の理由もある。そは少数者の政治は啻に適当に多数の要求を按配することが出来ないのみならず、往々にして自家階級の利益の擁護に急なるの余り、その地位を濫用して不当なる政治をなすの弊があるからである。この点において人民一般の意嚮を重んずるの主義は、政治を適当ならしめ、公平ならしめ、また清潔ならしむるの効用がある。

しかるに民本主義のこの第二の要求に対しては、世上これを難ずるの議論が相当に強い。今これらの批難を細かく観察して見ると、大体三つの種類があるように思われる。

第一の批難は、民本主義は憲法上君主大権の義に反するとする説である。すなわち人民の意嚮を終局に重んずべしと云うは、君主主義の憲法の精神に背くと云うのである。この批難にも細かく分つと更に二つの細別がある。一つは、先に民本主義全体に対する誤解として挙げたものと同様であるが、予のいわゆる民本主義を民主主義と混合し、政権運用の終局の決定を人民に移すべしというは、すなわち主権を君主の手より奪って人民に帰するものなりと為し、もって我が国の如き君主国に在っては許すべからざる僻論《へきろん》なりと論ずるのである。この説の謬りなることはすでに述べた。繰り返すまでもなく、民本主義は政治上の主義であって法律上の説明ではない。法律上主権は君主に在りとして、その主権者が主権を行用するに当り、いかなる主義方針に拠るべきかという時に、民本主義は現れ来るのである。なんら君主主義と相矛盾するものではない。君主国体の擁護のために危険なる民主主義を排斥せんとするは、吾人ももとより同意同感であるけれども、ただこれがために、名似て実異なる民本主義の政治的発達までも阻礙するようなことがあっては、憲政の前途の上に容易ならざる大事であると思うのである。もう一つの批難は、たとい政治上の主義にもせよ、君主はその権力を行使するに当って常に必ず人民一般の意嚮を参照せねばならぬと慣行が極まっては、それだけ君主の大権が制限せられ、したがって君主大権の自由行動を妨ぐる結果となると云う説である。しかしこの種の論者は、君主の大権なるものは、立憲国においては初めから各種の制限を受けて居るものであるということを心付かざる人々である。制限と云う言葉を使えばこそ世人はとかくこれを気にするのであるけれども、これに代うるに「道」という文字を使ったならばどうか。すなわち立憲政治は我儘勝手なる政治にあらず、「道」をもって国家を治むるの政治であるとすれば、「道」はすなわち主権の自由行動に対する一種の制限ではないか。しかしてこのいわゆる「道」は法律上にも政治上にも現れ、換言すれば君主の大権は法律上ならびに政治上共に各種の制限を受くるのが立憲諸国の通例である。もっとも憲法学者中には憲法による君主大権の制限は自ら自己の行動に加うる制限なるが故に、これを法律上厳格に制限と称すべきものではないと論ずるものもあるから、しばらくこの種の理論に譲歩して法律上君主の大権は絶対無制限であるとして置こう。しかし一転して政治上においては如何というに、この方面においては各般の制限を受けて居ることは疑わない。君主の大権がこの種の制限を受けて居ると否とが実に立憲専制の別るる所であって、いわゆる憲法的諸制度なるものは実に君主大権の制限を目的とする政治的設備に外ならないのである。ただこれらの制限は、客観的に観れば制限に相違ないが、主観的に観れば主権者の取るべき「道」であると言える。この点において国体観念の上において君主が絶対最高の主宰者たるの実は少しも傷つけらるることはないのである。ただこの絶対最高の主体者がいかなる場合にも全然無制限に行動することは、幾多の弊害を生ずるの恐れあるが故に、近代の政治はここに種々の制限を認めたのである。この制限を厭うならば、初めから立憲政治を採用せぬがよい。苟くも世界の趨勢に従って立憲政治を採用した以上は、君主の大権が諸般の制限を受くるはこれを当然と見なければならない。且つまた君主が各種の制限を受くるということは、政治上実は極めて有益なことである。人あるいは純粋なる君主国においては、啻に君主が法律上国権の唯一の掌握者たるのみならず、また実際において君主独り自ら自由にこれを擅行《せんこう》するものでなければならぬと主張するものもある。けれども君主は事実上において決して万能の御方ではあらせられぬ。その御一人の単独の意思をもって、何人にも御相談なく、天下のことを専断決行さるると云うことは決してない。のみならずかくすることの極めて危険なる制度たるは申すまでもない。されば実際上に照らして見ても今日百般の政務を君主が単独に決裁し賜うということは事実いずれの国にもこれを見ない。独逸皇帝ウィルヘルム二世陛下の如き近代稀に観る多才多能の御方でも、複雑なる政務の裁決には幾多大臣の智慧を藉りるの必要に迫られて居るではないか。されば絶対的の無制限の自由行動ということは、事実上これを望み得ない。よしこれを望み得ても、かくの如きは常に偉大絶倫なる且つ多才多能なる名君の相継いで輩出するという条件の許《もと》に、初めて弊害なく行わるるを得るものである。かく観れば、君主の行動が相当の制限の下に為さるると云うことは、事実必要でもありまた望ましいことでもある。かくの如く立憲政治においては君主の大権は初めから制限を受くるものである。制限を受くるを可とするや否やは最早問題ではない。もし問題となるものありとすれば、君主の大権がいかなる種類の制限を受くべきやという点にあらねばならぬ。すなわち人民一般の意嚮に聴くという制限を受くべきや、または君側二、三者の意見に諮《はか》ると云う制限を受くべきやというような問題に帰する。しかるに一部の論者は、広く人民の意嚮に聴くは君主の大権に対する制限と観るにかかわらず、しからざる場合にはまるで君主大権の制限を説かないのは、甚だ片手落な議論であると思う。例をもってこれを説くに、今ここに内閣更迭と云う事件が起ったとする。この場合に後継内閣組織の大任は須らく議会において多数を占むる政党の首領にこれを托せねばならぬと云う慣例があるとする。この場合にこの慣行は君主の大権を制限するというて批難するのである。何故なれば君主は最早自由の意志をもって大臣の任命を専行するを得ないからである。しかしながら君主大権の制限なるが故に悪いと云うならば、すなわち君主の自由行動と云う趣意をこの際文字通りに厳格に貫こうとするならば、君主は事実上何人にも御相談にならず、全然御一人のお考えのみをもって、総理大臣は誰、内務大臣は誰、陸軍大臣は誰と云うことをお極めになると云うことにならなければならぬ。けれどもかくの如きは事実上果してあり得るや否や。実際の事例としては君主はこの際必ず君側の二、三老功の臣に御相談になるが普通である。これが二度三度と繰返さるると、結局大臣の任命については必ず元老に御下問になり、その意見によってこれをお極めになるということになる。かく極まればこれまた君主の大権に対する明白なる一制限ではないか。予の観る所によれば、大臣の任命に付き議会の多数党に人を採るのも、元老の御下問によって極めるのも、共に君主の大権に対する事実上の制限たることは同一であると思う。ただその制限の種類が同じくない。一つは多数に相談して極めるという形に在り、他は少数に相談して極めると云う形にある。しからばここに君主は果してそのいずれの制限を採るべきものであるかの問題が起る。少数の人のみに相談すべきであるか。多数の人に普ねく相談すべきであるか。かく論ずれば、君主大権の制限なるが故に非なりという理由で、民本主義を排斥するのは正当でない。もし民本主義を有効に排斥せんと欲するならば、更に一歩を進めて、多数の人に諮るのが常に悪く、少数の人に諮るのが必ず善いという趣旨を明白に証明するの必要がある。しかるに我が国においては、明治初年以来多数の人に諮るをもって立国の国是なりとして居る。明治天皇陛下は維新の初め、現に、広く会議を起し万機公論に決すべしと勅せられて居る。すなわち多数の人に相談して公平にして且つ正当な政治を行うと云う民本主義の精神は、明治初年以来我が国の国是であった。今頃これを否認して少数諮詢主義を唱うるのは、政界進化の大勢に逆行するものである。

第二の批難は、凡そ人民一般は本来愚なものであって自ら自家の利福の何たるを知らぬ、これを熟知する者はむしろ少数の賢者である。したがって多数政治は実際の利害得失を比較すると少数政治に比してかえって劣れりというのである。この説は近代立憲政治の趨勢に逆行して、貴族政治の古に復らんと欲する一部人士の熱心に唱道する所であるが、一部分はなるほど真理であると思わるる。いかに開明の国においても、一般の人民は大体において直接的確に国民全体の利福の何であるかは明白にこれを知らぬ。しかも少数の賢者の中には、真個国を憂うるの士あって、自己の利福を犠牲に供し、もっぱら社会公共のために力を効《いた》さんとして居るものの少なからざることは明白なる事実である。しかしながら我々は、最もよく人民一般の利福の何たるを知り、またいかに奉公の念に富む所の人でも、彼らの最も多く考うるものは概して自家の利益であると云う普通の事実を看過してはならぬ。いわんや賢明なる人といえども、少数相比周《ひしゅう》して万人環視の外に政権の運用を司ることとなっては、ややもすればその間に弊害を生ずることは免かれない。かくて、少数に政治を托して多数人民が心を安んじて居ると、いつの間にやらいろいろの弊害が行われ、また誠に不公平な制度などがいつの間にか立てられているようなことになる。凡そ政治上のことは、一旦制度の上でこうと極めてしまえば、いかにその弊が後に明らかになっても、容易にこれを改めることは出来ないものである。制度の改め難きはあたかも女房の軽々しく取り換え難いと同様であるのみならず、また立派な人ほどオイそれと女房を換えないように健全な国ほど制度は容易に改め難いものであるから、現在の制度によって不便不利を蒙って居るものは、いつも泣き寝入らねばならぬことになる。これを我が国の例に譬《たと》えても、塩の専売は悪制なりという。石油消費税、織物税は悪税なりという。この点は政府また各党各派と共に一様に認むる所であるけれども、これを廃せばために生ずる欠陥を何の財源に求むべきやの問題に窮して、いつでもこれが廃止を見合わすことになる。こういう訳であるから、政治は須らくその初めを慎むべきものである。すなわち初めから注意して少数政治に成らぬようにするの必要がある。且つまた、今日は人民一般の程度も大いに進歩してきた。昔のように人民が公のことに無智で且つ冷淡であった時代ならば、政治のことを少数の賢者に一任するのも已むを得なかったであろうが、今日は教育の進歩につれて人民の智見も大いに開けた。公事に関する興味も著しく民間に強くなった。非常に野蛮な国でない限り、民智の不十分を理由としてこれを政治圏外に打捨ておくと云うことは、今日は最早時勢の許さざる所であると信ずる。

且つ今日の民本主義は、人民智見の相当の発達を前提とすというも、しかしそのいわゆる相当の発達なるものは、各種の政治問題について積極的の意見を立て得る程の高い発達を意味するものではない。例えばここに海軍拡張問題とか減債基金問題とかがある。海軍拡張の可否ならびに程度如何とか、八四艦隊の利害得失如何とか、また減債基金を五千万円に復旧するの利害得失如何とか、二千万円の鉄道資金はこれをいかにして得べきか等の細かい点は、専門の政客といえども精密にこれを了解して居るとは思われない。今日の代議士中、この問題の意味をすら理解して居らぬものは少なからずあるだろうと思う。いわんや一般人民に向っては、これらの問題の精密なる了解は余程進んだ国においてもこれを求め難いと思う。民本主義の行わるることは、それ程高い智見を民衆に求むるという必要はない。民衆の智見の高いのはどこまでもこれを希望すべきものなることはいうを俟たぬ。しかしそれ程高くなくとも民本主義はこれを行うに差支えはないのである。その理由は後にも説くが如く、今日の政治はいわゆる代議政治という形において行われて居るのであるが、その結果今日では我こそ人民の利福意嚮を代表して直接国事に参与せんと欲する輩は、自然進んで自家の政見を人民に訴え、もってその賛同を求むるということになる。そこで人民はこの際冷静に敵味方の各種の意見を聴き、すなわち受動的にいずれの政見が真理に合して居るやを判断し得ればよい。更に双方の人物経歴声望等を公平に比較し、いずれが最もよく奉公の任を果たすに適するや、いずれが最もよく大事を托するに足るの人物なりやを間違いなく判断し得るならば、それで十分である。この位の判断は相当の教育を受け、普通の常識を備うるものには誰にも出来る。必ずしも個々の問題について自家独自の積極的政見を有することを必要としない。この点において今日の開明諸国の人民は、概して民本主義の政治を行うに妨げなき程度には発達して居るものと断言して差支えない。しかるに世の立憲政治の運用の思わしからざるを嘆ずるものは、ややもすればその原因を国民の思想の足らざるに帰する。前記高田文相の訓示の如きまたその傾きがある。けれども我々の見る所によれば、もちろん国民に今少し憲政思想を知らして置くのは必要と思うが、しかし今日の我が国民は、決して憲政の運用に適せざる程に低い程度のものではないと信ずる。しかもなお憲政の運用、意の如くならざるものあるは、むしろその責任を世の先覚者の頑迷固陋なる思想と態度とに帰せざるを得ないと思うものである。今日の元老・大臣以下幾多の政客の脳中に、果して憲政の根柢たる民本主義を徹底的に了解して居るもの幾人ありや。更に進んで民本主義の忠実なる僕たることをもって名誉とするもの果して幾人ありや。社会の上流に在るものが、真に憲政の本義を体得するにあらざるよりは、憲政の完成は容易に期し難い。今日の人民が、文相の指摘して居るが如く、総選挙の場合などに時々醜穢《しゅうわい》な手段に惑わされて不都合な所為に出ずることは、予もまたこれを認むるけれども、しかしこれなども実は人民その者の罪というよりは、むしろ大部分は制度の罪であると思う。賄賂を取り得べき地位に置かれてしかも潔白を維持するの困難なるは、下層の人民も宮内大臣も海軍大臣も同一である。制度の上で醜穢な手段の出来ないようにして置けば、最も正直に賄賂などに手を出さないものは恐らく人民であろうと思う。

なお予は更にいわゆる少数賢者の政治なるものは、その名美にしてその実弊害のすこぶる大なるものあることを指摘するの必要を感ずる。世人はややもすれば賢者は常に少数である。故に最良の政治は少数者の政治であらねばならぬ。これに反して多数者の政治はいわゆる衆愚政治に陥るという。これも一応は真理である。けれども少数政治は常に暗室の政治であるということを忘れてはならぬ。いかに立派な人物でも、他人の見ていない所ではとかく過ちを犯しやすい。閑居して不善を為すは独り小人のことではない。君子といえどもその独りを慎むことをもって昔から最も困難なる修養として居ったではないか。いわんや少数者の政治といっても、いつでも聖賢の如き君子人のみその局に当ると限らないにおいてをや。制度としては、どんな人物がその局に当っても悪いことの出来ないようにして置かなければならぬ。すなわち悪いことの為し得る機会を作らないのが制度の眼目である。金を貪る機会が与えらるれば、神聖なる宮内大臣でさえも賄賂を取ったではないか。凡そ政治上のことは、万人環視の中で最も公明正大に行わるるようにしなければならぬ。我が国においてはいわゆる瀆職問題ということが毎度やかましい。これ皆政治を秘密の中に弄《もてあそ》ぶ所より来る弊害である。多数政治の形式を取りてさえ、その運用に最も鋭敏なる注意を払わざれば、ややもすれば虫がつきやすい。まして少数政治の如きは、制度としては何よりも先に排斥せねばならぬものである。世間の人は、議会の不体裁《ふしだら》とか、議員の不体裁とかを挙げて、ややもすれば多数政治の醜穢を云々する。むろん多数政治にも訓練を加えざれば幾多の弊害を生ずるは免れない。殊に多数政治は徹底的にこれを行わざれば往々にしてその弊かえって少数政治よりも大なることがある。しかしながら大体から云えば、少数政治は密室の政治なるが故にその弊害は多くは天下の耳目に触れずして済み、多数政治は明けッ放しの政治なるが故に微細の欠点を誇張して数えらるるの傾きがある。故に最も公平に、最も精密に、その弊害の性質・分量を比較したならば、少数の政治の方あるいは遥かに多数政治を凌駕して弊竇《へいとう》の著しきものがあるだろうと思う。

かく云えば、民本主義の政治においては少数賢者の階級は全く用のないものかの如くに誤解するものもあろうが、これは決してそうではない。少数の賢者が独立の一階級をなし、多数と没交渉に政権の運用を専行する時にはもちろん弊害がある。けれども彼らが自ら謙遜《へりくだ》って多数の中に没頭し、陽に多数者の意嚮に随従しつつ、陰に多数者の精神的指導者として公事に尽す時、彼らは真の賢者としての役目を最も適当に尽すことを得るものである。そもそも多数少数の両階級の関係は、形式実質の両面に分って観察するを必要とする。近代の政治は、その政治組織の形式的方面においては、多数の意嚮を第一とする。しかしながら社会構成の実質的理想の方面においては、もとより多数専制を容認するものではない。多数政治と言っても、文字通りの衆愚の盲動が政界を支配するようでは、国家の健全なる発達は期せられない。多数者は形式的関係においてはどこまでも政権活動の基礎、政界の支配者でなければならぬ。しかしながら彼は内面において実に精神的指導者を要する。すなわち賢明なる少数の識見能力の示教を仰がねばならぬのである。かくて多数が立派な精神の指導を受くる時は、その国家は本当にエライものである。少数の賢者は近代の国家において実にこの役目を勤むべきものである。もし彼らがその賢に誇って自ら高しとし、超然として世外に遊び、降って多数者の中に入りてこれを指導することを敢てせざる時は、彼らは啻にその志を遂げ得ざるのみならず、国家の進歩にもまたなんら貢献すること能《あた》わずして了《おわ》るの外はない。彼らにしてもし真に国家社会のために尽さんとせばその賢をもって精神的に多数を指導すると共に、また自ら多数者の役するところとなって、彼らの勢力を通して公に奉ずるの覚悟がなければならぬ。かくの如く多数と少数との相倚《よ》り相待つことの密接なる国が、最も健全に発達するのである。少数の政治は弊害もあり、また勢いとしてもこれを今日回復することは出来ない。さればと言って多数の政治は少数賢者の指導なしにはもと健全なる発達を見る能わざるものである。二者相待って初めて憲政は完全なる発達を見ることが出来るのである。この関係を政治的に見れば、多数の意嚮が国家を支配するのであるけれども、これを精神的に見れば、少数の賢者が国を指導するのである。故に民本主義であると共に、また貴族主義であるとも言える。平民政治であると共に、一面また英雄政治であるとも言える。すなわち政治的民本主義は精神的英雄主義と渾然相融和するところに憲政の花は見事に咲き誇るのである。もしこの二者の関係が彼此相疎《ひし》隔せんか、その国は決して円満なる発達を見ることを得ない。二者の疎隔によって苦しんだ国は古来その例に乏しくない。あるいは指導者なき平民の盲動は革命的暴虐となって国家を塗炭の苦しみに陥れたこと、革命当時の仏国の如きあり、あるいは節操なき衆愚が少数奸雄の操縦利用するところとなって、国民全体の利益を蹂躙して顧みざること、現代の墨西哥の如きがある。憲政をしてその有終の美を済さしめんとせば、政策決定の形式上の権力は、思い切ってこれを民衆一般に帰し、しかも少数の賢者は常に自ら民衆の中に居ってその指導的精神たることを怠ってはならぬ。この点において予は、我が国の元老を初め、その他いわゆる官僚政治家等の態度に甚だ慊焉《けんえん》たるものがある。何となれば、彼らは皇室の殊寵と、国家の優遇とを忝《かたじけの》うしながら、その最高の地位を利用して時に無責任なる干渉を政界に加うるの外、敢て自ら高処して民衆に接せず、かえって民衆的勢力を敵視するが如き態度を取って居るからである。彼らがかく近代政治の本義を了解せざるは我らのすこぶる遺憾とするところであるが、殊に彼らが少数賢者としての社会的職分を怠りて敢て民衆指導の任に当らざるは、国家のために非常な不幸と言わなければならない。一般の民衆は、何と言っても実際においては案外に、社会的歴史的の栄誉尊称というものに過分の尊敬を払うものである。歴史的社会的の権威を自らに固有する貴族などが、同時に実力において高等の人才であり、しかして彼らが集って民衆を指導するの任に当る時に、民衆は喜んでその指導に服するものである。独逸が彼が如く制度の上において民本主義の徹底的実現を妨げて居りながら、しかもよく国運の隆々たるは、上は皇族より貴族富豪の末に至るまで、彼らが悉く社会的に歴史的に優等階級たるのみならず、その実力においてまた優等階級として平民の敬意を集めて居るが故である。憾《うら》むらくは我が国においては、社会的歴史的の優等階級は必ずしも実力の優等階級ではない。これすでに社会の一欠陥である。しかも実力の優等階級もまた多くは謙遜って民衆の友、民衆の僕たることを甘んぜない。それ更に大いなる社会の欠陥である。予は憲政の健全なる進歩のため、否、社会国家の興隆のために、深く少数賢者の反省を求めたい。殊に貴族富豪の大いに反省して自ら治むるのみならず、またその子弟の教育に真面目に注意する所あり、もって国家の優遇に応《こた》うるところあらんことを望まざるを得ない。

第三に更に一歩を進めてこういう批難をする人もある。曰く民本主義は一般人民の意嚮を重んずると云うけれども、しかし一般人民の意嚮、すなわちいわゆる「民意」なるものは本来実在するものではない。少なくとも衆愚は被動的に少数野心家の煽動に乗って彼方此方に盲動することはあるけれども、能動的にある一定の目標に向って意識的の活動をなすものではない。故に民意を取って政策決定の標準と為すと云うが如きは畢竟空論であると。この論は民本主義の理論上の基礎たる「民意」の実在に対する疑いである。そもそも民意なるものの果して実在するや否やは哲学上社会学上大なる問題であろう。もちろん民意と云う大いなる意思をもって居る人格者が眼に見えて存在して居る訳ではない。故に目に見ゆる個々の具象のみに執着するいわゆる懐疑派に属する学者が、多数人民の雑然たる集団に意思の主体たるの資格を認めざらんとするのはもとより怪しむに足らぬ。しかれども社会万般の事象を洞察達観するものに取っては、この見えざる意思の主体を認識することは決して困難ではない。もっとも我々の社会においては、同一の問題についても各種の意見が色々行われて居るもので、何が多数の輿論なりやは容易にこれを決することは出来ないものである。けれどもこれらの雑然たる社会の議論はあたかも時計の振子の左右に動揺して止まざるが如くほとんど安定するの日なしといえども、しかしながらこれらの議論が自らある一定の中心に向ってその周囲に動きつつあるものなることは、少しく物事を深く観ずる人の見逃さざる所である。懐疑派の人は動揺のみに着眼する。我々は動揺の陰に不動の中心あることを認識する。社会の輿論と云うが如きものも、現に我々は我々の居る現在の社会のことはよく分らないものであるけれども、しばらく時間空間の関係において我々を第三者の地位に置く時は、ほぼその社会の民衆は何を希望し、何を目的として動いて居るかが想定せられないことはない。もちろん人各々観る所を異にし、何をもってその社会の民意なりとするやについても、必ずしも議論の一致を見ることが出来ない場合もある。しかしながら、とにかく今日の学界の多数説としてはいわゆる「民意」の実在を疑わぬようである。このことはなお学問上大いに論弁するを要する問題であるけれども、余りに専門的になるからここにはこれを略する。ただ民本主義の主張は、一部の論者の難ずるが如く、実在せざる「民意」と云う仮定を前提とした荒唐無稽な説でないと云うことを承知して貰えばそれでよいのである。

以上をもって予は民本主義に対する各種の批難を弁駁した。政権運用の終局の決定を民意に置くの不当ならざるはこれをもって明白になったと思う。さてこれより我々はいよいよこの主義を実際に適用すればどうなるかと云う問題の研究に移らねばならぬ。

前述の如く、民本主義は一般民衆の意嚮に拠って政策を決定すべしと云うのであるから、これを極端に徹底せしむるためには、人民全体が直接に政権に関与することにならねばならぬ道理であるが、これは事実不可能なること論を俟たぬ。人民全般の直接政治は、古代希臘の都市的国家においては普ねく行われたと称せられて居るが、なるほど地域の狭い、人口の少なきこれらの小国家においては、あるいはこの方法は可能であったろう。それでも少なくとも幼少年と婦人とは政治圏内より除かれて居ったようである。否、青年の男子といえども、都会の住民すなわち市民の外は、この公権を与えられて居なかった。そは都市的国家は漸次その領域を都会以外の周囲に拡張したのであるが、これら新領土の住民は悉く奴隷として遇せられ、なんらの自由を与えられなかったからである。されば古代の小国家においても、人民の直接政治というものは文字通りには行われなかったのである。いわんや今日の如く地域も人口も広大なる国家においては、到底人民の直接政治は行われ得るものではない。幼少年ならびに婦人を除いて、直接政治に干与し得るものはこれを公民権を有する男子に限ると見ても、その数は非常なものである。これを皆洩れなく直接に政治に干与せしむるのが一番よく民本主義の主張に合するように見えるけれども、事実上到底行われない。そこで今日ではこれらの人民は間接に政治に干与し、直接には自らの代表者を挙げてこれに一切の政治を掌《つかさど》らしむるという方法を取ることとなった。これすなわち今日の代議政治なるものである。すなわち人民は、全体としては直接に政治に与《あずか》るの煩に堪えないから、自分達の代表者を公選し、その選に当った代議士をして自分達に代って公事に尽さしめんとするのである。すなわち人民より見れば一種の間接政治である。代表者が政治するという点より見れば代議政治である。かくしてこの代議政治は今日の立憲諸国においては、民本主義的政治の唯一の形式となった。

代議政治

前段において予は、民本主義の要求を極端に徹底せしむるためには人民の直接政治とならねばならぬけれどもこれは今日の国家においては事実不可能なるが故に、遂に変則のようではあるが代議政治というものが今日洽《あまね》く行わるることになったということを説いた。しからばここに自ら吾々の頭の中に問題となるのは、いわゆる代議政治なるものは、民本主義の理想には協《かな》わないものであるけれども、外に致し方がないから止むを得ずこれによって居るものと見るべきや、あるいはまた他の方面からの証明の結果として、代議政治の方がかえってこれを実際に行って直接政治よりもよりよき結果を生じ得るものであると見るべきやの点である。代議政治はどの途今日これを止めることは出来ない。これだけは疑わないが、ただその価値については、前記の如く消極的意義を認むるに止まるものと積極的意義を認むるものとの二様の見解が起り得るのである。

まず英吉利の学者政治家の間には代議政治の価値を謳歌するものが非常に多い。もっとも英吉利の政治学には、理論としてはいろいろ間違った謬説《びゅうせつ》が多い。しかしながらその政治的諸制度の実際的価値の認識においては概してその判断を誤らない。されば代議政治については、そが果して理論上民本主義の要求に合致するや否やというような方面の議論は比較的疎《おろそ》かにされて居るけれども、実際の運用上代議政治の良好にして、人民の直接政治の方はむしろこれに比し遥かに弊害多いということは、夙《つと》に深く一般の識者から認識されて居った。彼らは実に代議政治あるが故に、一般国民は国内少数の賢者を適当に利用することが出来、また国内少数の賢者もこの制度あるが故に人民の監督の下に己れを節制して十分にその才能を振るうことが出来ると信じて居った。国内の民衆悉く積極的に起つことは事実上不可能でもあり、また強いてこれを起たしむることが実際上決して得策でないということを、彼らはよく知って居った。人民一般が悉く理想的の高度の発達をなし、総ての問題に積極的の意見を立て得るようになれば格別、しからざる以上は、実際政治の運用を少数者に托し、一方には意見・人格の批判によって何人にこれを托すべきやの選択を誤らず、他方において自己の挙げたる少数者を監督するということをもって満足するの外はない。しからば代議政治は、今日の程度の民衆を基礎としては最良の政治にして、一足とびに直接政治に行くことはむしろ危険であるといわねばならぬ。ただ代議政治は中間に代表者の這入る仕組なるが故に、これをいかに制度の上に組織するや、またこれをいかに運用するやに従って、得失利弊、一ならざれども、ただ抽象的の議論としては、代議政治は事実止むを得ざるに出でた方法とのみ見るべきものではない。それ自身また直接政治に優る美点もあるといえる。しかしてこの説が特に英吉利に盛んに行われて居るのは、一つには英国人が代議政治の運用を誤らず、これによって相当の美果を収めて居るがためでもあろう。

代議政治の運用、意の如くならざる他の国においては、この種の議論は英国程は盛んに唱えられて居ない。しからばこれらの国においてはいかなる議論が唱えられて居るかと言うに、曰く、民本主義の理想から言えば人民の直接政治が一番よい。しかしこれが不可能なるが故に止むを得ず代議政治に拠った。しかして代議政治は民本主義の要求を如実《さながら》に現したものでないから、それ自身固有の欠点を有するものである。ただこれを措いて外に我々はヨリよき制度を知らないから、止むを得ずこれを採用して居るのである。されば我々はこれによっては完全に民本主義の要求を満足することが出来ないことは初めよりこれを認めざるを得ない。代議政治に伴って種々の弊害に困しむのは、この点より見て実は怪しむに足らないのであると。この説は我が国にも往々にしてこれを聞くが、西洋においては大陸諸国においてしばしば耳にする所のものである。しかしてこの説は従来、どうにかしてその弊害を減少せんとの希望からして、いろいろの矯正策の研究を促した。もっとも現在の代議制度に対する改善矯正の必要は、第一種の代議制度を謳歌する者の間にも講究されて居った。この点から見れば代議制度の改善矯正という問題は実は両者共通の問題であった。ただ異なる所は、後者は現在の代議制度の弊害をもって代議制その物に固有なる欠点に源を発するものなりとなし、前者は代議制その物にはなんらの欠点あるにあらず、ただこれが組織ならびに運用に宜しきを得ざるものあるがために改善の必要ありとするにあった。すなわちその短所、弊害の由来、本質に関する見解を異にして居ったのであるが、研究の方面は両者ほぼ同一であった。あるいは選挙法を改正するとか、あるいは議院の組織を改善するとか、共に同じようなことを着眼して居ったのである。しかるに最近に至ってこの第二種の考えはだんだん極端に走って終《つい》にあるいは全然代議制度を無用とするの説を生じ、あるいはまた代議政治の基礎に重大なる動揺を来たすが如き新制度の採用を説く者を生ずるに至った。

代議政治の無用を説く者の中に、貴族政治に復らんとする者あることはすでに説いた。しかしこれは民本主義を否認するか、少なくともその当然の適用を枉《ま》ぐるものであるから今ここに問題とする限りではない。ここに問題となるのは、初めから民本主義を承認し、これに極端に忠実ならんとするの口実の下に代議政治の無用を説くの説である。すなわち代議政治は民本主義の理想に合致しない。従来は外に仕方がないから我慢をして居ったけれども、その弊の甚だしき、最早今日は我慢が出来ぬという立場から、遂に代議政治は民本主義の要求に応うるの外貌の許に、実は民本主義に敵するものなりとなし、真に民本主義に忠ならんと欲する者は須らく代議政治を真向《まっこう》に否認せざるべからずと論ずるに至ったのである。この議論の明白なる代表者は、近時仏国に起って伊太利、英吉利、亜米利加等にだんだん蔓衍《まんえん》して居るサンジカリズムの議論である。彼らは曰く、選挙という段階は、多くの場合において、選挙人と被選人との意思的支配関係を紛更し、民衆一般の意思の正当なる代表は議会において曲げらるることを常とする。故に議会制度は、民衆の意思をして政治上における終局の権威者たらしめんとするの本来の理想を決して完全に実現するものではないと。こういう立場から、代議政治の効用を疑い初めたのであるが、更に下層の労働者は、従来の経験に徴して、議会が到底労働者の支配の下に来らざることを見、つくづくこの感を深くした。元来下層民衆は、数においては遥かに中流上流を凌駕《りょうが》する。故に彼らは代議政治の下においては自己の代表者をもって容易に議会の多数を占領することを得べしと考え、かくて結束して社会党というものを作ったのである。しかるに実際彼らによって挙げられたる代議士は、その数において思う通り多きを得ざるのみならず、一旦当選をするとその選挙区内の多数者たる労働者よりもむしろその区内の有力なる有産者の左右する所となりがちである。その外むろんいろいろの細かい理由もあるが、ともかく議会によって下層民衆の目的を達せんとする当初の期待は経験上木に縁《よ》って魚を求むるよりも困難なる夢想に過ぎないものとなった。ここにおいて彼らは代表の名に惑うて安心するの危険を絶叫し、議会によって自家階級の目的を達せんとするの思想を断じて排斥すべきものなりと叫び、いわゆる「政治反対」の旗印を翻《ひるがえ》した。「政治反対」とは実は選挙を基礎として立つ一切の政治に反対するということである。彼らは、国家が選挙権を労働者に与うるは、あたかも砂を投じて吾人の目をくらますが如きものなり、この虚偽の好餌に迷うて労働者の敵と事を共にする勿《なか》れと称し、この点においては社会主義者に対してすら激烈なる反感を示して居る。何となれば、社会主義者は選挙において他の階級と争うからである。サンジカリストはたとい社会主義者の候補者に向ってでも断じて投票してはならぬと勧告して居る。しからば彼らはいかなる手段によってその目的を達せんとするかというに、すなわち「直接行動」ということを説く。選挙だの議会だのということは、法律その他の国家的の間接の設備を俟つのであるからそれでは駄目だ。労働者は須らく自ら直接に且つ現実に自分の力に訴えて目的の貫徹を計らなければならぬという所から、思うところを直接の行動にあらわせと説くのである。しかして今日この直接行動は実に腕力の形式をとって居る。このことについて彼らは言う。我々は直接行動を現すに必ずしも暴力に訴うる積りはない。けれども今日上流の階級が我々を圧迫するのは実にこの腕力の手段によって居る。しからば我々の自己解放もしくは自己防衛の運動もまた同じく腕力の手段に出ずるは止むを得ないと。かくて彼らはあるいは示威運動をなし、あるいは同盟罷工《ひこう》をなし、殊に彼らは罷工の範囲を鉄道、炭山、電灯等、凡そ人類の日常生活と直接密接の関係ある種類に選み、最少の労力をもって最大の苦痛を社会に与え、もって社会を屈して自家の要求を無理にも容れしめんと企てて居る。彼らは国家を無視し、現に「労働者には祖国なし」と称し、「愛国の美名に迷わされて上流階級の奴隷となること勿れ」と教えて居る。したがって戦争などに際し、一国が危急存亡の淵に臨んで居る場合でも、特に武器弾薬の製造所などを択んで、彼らは労働者を煽動し、もって国家に甚大の苦痛を与えんとして居る。戦争の場合に、直接これに関係ある労働者に総同盟罷工を実行せしめんとするのは、サンジカリズム年来の宿論にして、年々の決議にもこのことは現れて居った。

右は極端な例であるが、そこまで極端に奔らなくとも、代議政治の欠点を認めてこれに重大な補正を加えんとするものに、かの人民投票の説がある。すなわちこの説は、民本主義の本来の主義から言えば人民が直接に政策の決定に与った方がよい。けれども総ての場合に人民の意見を聞くということは事実不可能である。けれども、代議政治のみに任して居っては民本主義の要求は十分に貫徹するを得ない。ために時々民意に反する政策の決定を見ることがあるから、普通日常の事務は従来通り代議政治に任すとして、国家の重大事、殊に人民の生活関係の上に直接重大の影響を及ぼす如き事項に限っては、例外として人民全体の投票を求め、もって代議政治の欠点を補い、民本主義の要求を少しでも十全に貫くということにしたい。こういう趣意で最近人民投票ということが諸国においてボツボツ唱えらるるようになったのである。もっとも一概に人民投票というても細かく見るとこれに二つの種類がある。第一は洋語イニシアチーヴというもので、人民の方から進んである種の立法を議会に建議するのである。これは最近瑞西《スイス》を始め米国の二、三州に認めらるるもので、全然新しい制度である。これに反して第二は議会で決定したことを更に人民に諮るもので、洋語レフェレンダムと称するものである。この制が代議政治の欠陥補正の意味で憲法上に認められたのは十九世紀中葉以来のことであるけれども、制度そのものは実は近頃に初まったものではない。この制度は十五、六世紀の頃から瑞西の諸国に洽く行われたものである。近世の意義における憲法の上にこの制度の認められたのは、一八四八年瑞西国の一州スウィッツ国が初めであり、次いで一八六九年同じく同国の一州ツューリッヒに行われ、それから各州に拡ったといわれて居る。一八七四年の瑞西聯邦の憲法もまたこれを認めて居る。もっともこれらの制度を細かく調べて見ると、あるいはこれこれの問題は必ず人民全体の票決を得なければならないといういわゆる義務的のものあり、または人民の一定数の要求、もしくは聯邦に属する何州以上の要求ある時は人民投票を行うという選択的なるものもある。その細目の点は区々として一に帰せないが、しかしこれらの制度は瑞西諸国においてその初め特別の理由によって永く行われ来ったので、代議政治の欠点を補うというような新しい考えで出来たものではない。瑞西聯邦の憲法にこれを認むるも、当初の主意は旧来の惰性としてこれを認めたに過ぎない。されば新しい考えに基いてこの制度の採用された最初の憲法はといえば、一九〇一年一月一日から行われた濠洲聯邦の憲法を数えねばなるまい。この憲法はその第百二十八条において、凡そ憲法の改正案はまず議会の各院において絶対多数によって通過し、それから、二ヶ月以上六ヶ月以下の期間内に、各州において下院議員の選挙権を有する人民の票決に附するを要すると定めてある。この憲法の外にはこれを実際の制度として採用して居るものは余りない。

何故に人民投票制は実際上余り採用せられて居ないか。そは思うに、理論は別として実際は極めてこれを行うに不便であるからであろう。第一人民全体の意見を聞くということは、問題を「然り」「否」によって決し得るが如き最も単純な形にしなければ事実行われない。それにしてもこの方法の実行は事実極めて困難で且つ不便である。もっとも地域人口の狭少なる地方町村などにおいては比較的行われやすい。それでも住民の密集して居る都会でならば幾分行われ得るも、しからざる村落では極めて結果がよくないということである。地方団体において人民投票を行うの例は、瑞西国において相当に頻繁にこれを見るが、その結果は公平に言うて非常な不都合もないが、さればと言うて代議政体の欠点を補うという程の積極的の利益もまたないとのことである。しからば徒らに面倒な手数をかけて馬鹿げた無用のことをするというに過ぎない。こういう風に観られて居るので人民投票ということはつまり実験上余り好結果を奏せないものとなって居る。けれども理論の上からは、今日なお欧米の諸国においてもこれによって代議政治の欠点を補うべしとの議論が時々唱えられて居る。

かくの如く、人民投票は代議政治の欠点を補うとは言うけれども、実際の効用は極めて少ない。のみならずこれを頻繁に行う時は、代議制の根柢を動揺し、その円満なる発達を妨ぐるの恐れがある。故に代議政治が比較的よく運用されて居る国においては、この問題は従来余り唱えられなかった。しかるに不思議にもこの問題は近年に至り、代議政治の本場とも言うべき英吉利においてすこぶる盛んに唱えらるることになった。これによって人あるいは英国においてすらかくの如し、代議政治はいよいよ世界の信用を失い、今や正に衰亡に近けりというものがある。しかしながらしばらく皮相の観察を止め、英国においてこの議論がいかにして、また何故に唱えられたかを、少しく詳《つまびら》かに考察して見るならば、吾人は容易に右の論者の説の必ずしも正当にあらざることを了解するであろう。なぜなれば、英国において近年レフェレンダムの説は、統一党が自由党の挑戦に応じ、その強襲的圧迫を押し除けんがために唱えられたのであるからである。英国では、人も知る如く、下院においては選挙の模様によってあるいは統一党多数なることあり、あるいは自由党多数なることあり、彼此《ひし》相交代するけれども、独り上院は統一党が五分の四以上を占めて恒《つね》に変ることがない。したがって統一党が内閣を組織する時は、政府と上下両院の議とは容易に纏まるけれども、自由党が天下を取って居る間は、政府は常に上院において統一党の反対を招くことを免れない。そこで自由党政府はグラッドストーン以来常にこの上院の反抗には困しんだものだ。しかして現自由党政府も先年まずロイド・ジョージの財政改革案において上院と大衝突を来した。しかして今度の戦争前に在っては、そのアイルランド自治問題について、また上下両院相反撥して居ったこと、人の知るところである。しかして自由党政府は、上院を今のままにして置いては到底自由党政府の政策はこれを実行するに由なきことを思い、ために先に二つの案を立てて上院に肉薄せんとしたのであった。一つは新たに数百の新貴族を作り、これによって上院における自由党員の数を統一党より多からしむるの案、他は衆議院の決定に対しては一定の条件の下に上院は必ず服従せねばならぬということに定むるの案である。しかして第一は貴族院に根本的革命的の改革を加うるものなるが故に、これは最後の手段として取って置き、差し当ってはまず第二の案をもって貴族院と争うことに決したのであった。委しく言えば、財政的法案に関しては、下院の決定に対して上院は異議を挟まざることとなし、それ以外の一般的法案については、下院においで三度続いてこれを可決したる場合には上院の否決にかかわらず、国王の裁可を得てこれを法律とすることが出来るということに定めんとした。なおこのことは後に再び詳しく述ぶるが、とにかく自由党政府はかくの如き案を具して上院の反対党に屈服を迫った。もしこれに応ぜずんば、已《や》むなく政府は新自由党貴族を沢山作って貴族院に根本的改革を加うべしと威嚇した。この時在野党は、党内にむろんいろいろの異論があったけれども、結局最後の致命的打撃を貴族院の組織の上に蒙るよりも、政府の提案を容るる方がまだしも得策だと云うので恨を呑んで屈服した。がこの際統一党員中には、退《の》っ引きならぬ政府のこの強襲に対して万一の活路を見出さんがために、人民投票と云うことを唱え出したものがあったのである。そもそもこの問題を主題として争った総選挙の結果は不幸にして政府派の勝利に帰した。政府党が多数を占めて居っては屈服するの外はない。が、しかし万に一つ人民投票でこの勢いを翻すことが出来ぬとも限らぬ。しかも人民投票は人民を重んずると云う英国本来の政治主義に一見よく適合するので、さてこそ統一派は万一を僥倖《ぎょうこう》して最後の決断を人民の投票に求めんと主張したのである。必ずしもレフェレンダムをもって本来推奨に値するというような確信に基いて唱えられたものではなかったようだ。これと同じ理由の許にこのレフェレンダムの説は去年の春頃にも特にやかましく唱えられてあった。そはすなわち愛蘭《アイルランド》自治問題の討議の際においてである。前にも述べた上院の権限を縮小せんとするの法案は、一九一一年八月、国王の裁可を得て「議会法」として発布になったのであるが、政府は今やこの法律によっていよいよ愛蘭自治問題を解決せんと決心して居る。元来この問題はグラッドストーン以来自由保守両党の火花を散らして相争える歴史的難題である。これで敗けては大政党の面目が立たない。そこで反対党は凡ゆる手段に訴えて政府の施設に妨害を加えた。果ては愛蘭東北の一角アルスターの統一党員を煽動して内乱を起さしめんとさえした。ロード・カーゾンの如きは、自らこの義軍の頭領たらんと豪語して愛蘭に赴いたのであった。ちょうど戦争の直ぐ前、英国政界の危機は正にその頂点に達し、独逸はために英国は最早外を顧みるの余裕なかるべしと想像したとさえ伝えられて居る。それ程の大問題であったから、統一党はいかにもして愛蘭自治の実現を妨げんと欲し、その一手段としてここにまたレフェレンダムの説を唱え出したのである。在野党は曰く、かくの如き重大なる問題は、出来るだけ鄭重の手続きを尽くし、念には念を押すを至当とする。それには議会の決議だけでは不充分である。この外更に人民一般の意見をも直接に徴して、真に民意のある所を慎重に究めてから、決行すべきであると。この口実の許に彼らは熱心に人民投票の説を主張したのである。さて内乱の徴いよいよ明白となるや、政治家の中すこぶる形勢の重大を憂慮するものあり、在朝在野両党の間に立って親切に斡旋の労を取るものさえあったが、その際にもやはり妥協の条件としてレフェレンダムの説を担ぎ出すものがあった。在野党は曰う、この方法でいよいよ敗北をすれば、その時には立派に兜《かぶと》を脱ぐ。しかしこれによって真に民意のある所を明らかにせざる以上は、たとい議院多数の決議ありといえども直ちにこれに屈することは出来ないと。こういうような理由で英吉利においては最近レフェレンダムの主張を見たのである。これらの沿革を明らかにする時は、英国の政治家が一般の主義としてレフェレンダムを賛し、これを目して必ずしも代議政治と相並んでその欠点を補うに足るものと為せるにあらざることは明白である。

以上の如く今日代議政治に対しては、この制度に固有する欠点を認むるものあり、しかしてその中にはあるいはこの制を絶対に否認するものあり、あるいはこれに重大なる補正を加えんとするものもあるが、しかしこれらの説が実際上いずれも大した勢力のある説でないことは、すでに明白であると思う。しかしながら代議政治の欠陥を認むる一派の説はこれで尽きたのではない。中には代議制に伴う諸々の制度の上に種々の改善を加えて、その円満完全なる発展を見んとする議論もまた相当に強く唱えられて居る。このことは、我々のまた注意せねばならぬ所である。しかしてこの種の改善論は代議政治その物に固有の欠陥を認めざるものの間にも唱えられて居ることは、すでに述べた通りである。これを要するに代議政治に固有の欠陥を認むるものも、あるいはこれをもって民本主義の要求を完全に満足せしめ得べき性質を有する制度なりと認むるものも、共に代議制の今日の儘に放任し置くべからざるを説くのは同一である。換言すれば彼らは皆これに幾多の改善を加えざれば、代議政治はそのままにては憲政の本旨を達し得るものにあらずと認むるに一致して居る。かくて今日では代議制度が幾多の改善の加えらるべきものなること一般に認められて居る。これすなわち我々が更に大いに研究努力して憲政有終の美を済さしめざるべからずという所以である。しからば問う。今日の代議政治の許において、吾人はそのいかなる部分にいかなる改善を加うるをもって当面の急務とするか。

代議政治においても政界の根本勢力の、人民に在らねばならぬことは言うを俟たぬ。しかるにいかなる形式の政治においても政権の実際的運用を司るものは常に広義の政府である。しかしてこの政府の行動に対して人民は直接にこれを指揮監督するにあらず、代議士団と云う仲介者をしてその任に当らしむるというのが、代議政治の特色である。ここにおいて、代議政治においては、この仲介者がよく民意を尊重し且つ適当に政府を監督すると云うことが、最も肝要なことになる。かくて我々は、代議政治においては最も着眼を要する二つの方面があると云うことを認めざるを得ない。一つは人民と代議士との関係である。他は代議士と政府との関係である。この両種の関係が民本主義の本旨に従って最も適当に組み立てられて居る時に代議政治の運用がその宜しきを得るのである。しかるに多くの立憲国においては、この両種の関係が不幸にしてその宜しきを得て居ないこと決して珍しくない。ためにいわゆる立憲の諸制度は徒らに形のみ備ってしかもその運用の実果挙らず、もって民本主義の本旨と背馳するものまた極めて多い。故に我々はこの両面の関係をいちいち立ち入って吟味し、いかなる点に欠陥の伏在するやを調べ、もって憲政の順当なる発達を阻礙する要素あらば速かにこれを取除くを心掛けねばならぬ。

人民と議員との関係

人民と議員との関係について最も大事な点は、人民が常に主位を占め、議員は必ず客位を占むると云うことである。この関係を正当に維持することは、憲政運用の上に最も肝要とする所である。凡そ憲政の弊害は総てこの関係の逆転から来る。独り議員人民の関係ばかりではない。議会と政府との関係もまた同様である。政府を監督すべき議会が政府の籠絡する所となる時に多大の弊害を生じ、またこれと同じく議会を監督すべき人民が議員の操縦する所となる時に、憲政の運用はここに幾多の醜悪なる腐敗をもって満たさるる。政府は利をもって議員を誘い、議員また利をもって人民を惑わし、かくして主客その地位を転倒して憲政の組織はあらゆる悪徳をもって満たさるることになる。故に我々はいわゆる政界の廓清を計りて憲政の順当なる進歩を見んとせば、まずもって議員と人民との関係を正すことに綿密なる注意を加うるを必要とする。しかしてこれがために採るべき方法は、差当り少なくとも三つあると思う。

第一　選挙道徳を鼓吹すること

選挙道徳を説くの必要なることは、かつて拙著『現代の政治』中「議員選挙の道徳的意義」の篇に詳かに説いたことがある。特志の読者は別にこれを参照せられたい。ただ一般読者のために簡単にその要点を申せば、元来道徳には選挙道徳だの商業道徳だのといろいろの種類のあるべきはずのものではない。けれども我々はとかく、永い間我々の生活に関係のあった事柄については、そこに一定の慣例因襲が出来るので、自然一種の社会的制裁の支配を受け、相当の徳義を守ることとなるのであるけれども、新奇の事柄が起ると、従来の因習《しきたり》もないので、まるで徳義を省みないと云うようなことに成りがちである。日本人同士の商売に道徳を守っても、相手が外国人であるとまるで約束をも守らないと云うが如きはすなわちこのためである。したがって選挙と云うが如き新しき制度の運用に当っては、とかく我々に道徳が立派に守られない嫌いがある。予輩は日本人一般の道徳的思想というものを押し並《な》べて非常に低いものとは思わない。けれども選挙については、そが新しい経験に属するためにや、甚だしく道徳が無視されて居ることを遺憾とする。ここにおいて我々は国民に向って大いに選挙道徳を鼓吹するの必要を感ずるものである。

しからば、いかなる点を篤《とく》と国民に了解して貰うのかと云うに、一つは我々の投ずる一票が一票としては甚だ無力のように見えるけれども、しかしこれが実に国家の運命に関わる重大なる価値あるものであると云うことである。僅かの金銭や脅迫等のために左右せらるるには余りに神聖なものであると云うことである。二つには投票は国家のためにするものであって、地方の利益のためにするのではないということである。地方的利益のみを着眼して選挙するのは、往々にして国家全体の利益を犠牲にするの結果を生ずるの恐れがある。三つには選挙は我々の特権であって候補者から頼まれてするものではない。我々が自ら進んで適当なる候補者を国家に推薦するのであるということである。この三つの点を沁《し》みじみと人民の頭に入れることが今日実に極めて肝要である。中にも第三の点は最も肝要であって、この点が明白でないと、往々にして腐敗手段の跋扈《ばっこ》を来たすことになる。すなわち自分の特権と考えない結果として、あるいは田舎などで小作人が地主や資本家などの云う通りになるという現象を呈する。また選挙民を強いて選挙場に拉《らっ》し来るために投票勧誘人すなわち運動人と云うものが必要になり、また選挙民に頼まれれば投票するという考えがあるの結果として戸別訪問と云う馬鹿げたことが流行することになったりする。これ皆権利思想の明白でないためである。

立憲政治の選挙競争に、堂々たる候補者が戸別訪問をしたり、または多数の運動員を使うということは、決して国家の誇りではない。しかも弊害の源は常に運動員に在ることは深く云うを俟たぬ。もしそれ一町一村の選挙民が二、三の金持の云う通りになるようでは、そこに隠密なる腐敗手段の盛んに行わるべきことは問わずして明らかである。故に我々は世の教育家その他の先覚者と共に、あらゆる機会においてこの選挙道徳を国民に鼓吹したいと思う。もし当局者にして教育機関を通じて国民に立憲思想を鼓吹せんとする考えがあるならば、主としてこの方面をもっぱら鼓吹すべきであると思う。

しかしながら選挙道徳の本当の徹底は、実際上選挙権の拡張を伴わなければ効果が挙るものではない。選挙権を極端に制限して居っては、せっかく選挙権の尊ぶべきことを説いても、国民の多数はこれ我に関わりなき問題なりとして深く意に留めぬだろう。ちょうど徴兵制度を布いてない英国の労働者が、自らの仲間から出征軍人を出さないために、すこぶる戦争に冷淡であるのと同様である。選挙に興味をもたしめ、選挙道徳に多大の注意を払わしめんとするには、どうしても広く選挙権を一般に与うることが必要である。このことは後に選挙権拡張を論ずる際に更に精しく説くの機会があろう。

これと牽聯して、モ一つ注意すべきことは、人民に与うるに各種の意見を公平に聴取するの機会をもってするの必要なることである。換言すれば思想の自由、言論の自由を尊重して、人民をして妨げなく各種の意見に接し、その間に自由の選択、自由の判断を為すことを得せしむることが必要である。予輩が先に選挙道徳を鼓吹するの必要を説きたるは、国民をして最も公正なる判断をなさしめんがためである。利益や脅迫に動かざらんことを希望するからである。しかしせっかく人民の心的準備が出来上っても、言論の自由が重んぜられずして、ある一種の思想、殊に民本主義の要求には余り適合しないような思想のみが、人民の眼前に現るるようでは、やはり好結果を齎らすことは出来ない。立憲政治の妙趣は、人民の良心の地盤の上に、各種の思想意見をして自由競争をなさしむる点にある。いわゆる優勝劣敗の理によりて高等なる思想意見が勝を制し、これが人民の良心の後援の下に実際政治の上に行わるる点にある。これには思想言論の自由ということが必要である。故に吾人は選挙道徳を鼓吹すると共に、また大いに思想言論の自由を尊重し、また尊重せしめなければならぬ。しかしてここにいわゆる「自由」とは、啻に法律上の自由ばかりではない、社会上の自由をも意味する。元来思想言論の自由に対する圧迫は、独り政府よりのみ来ると思うならば誤りである。しばしばまた民間よりも来るものである。政府の圧迫は比較的これを指摘しこれを防禦するに易いが、民間の圧迫は、往々輿論の形において発現するが故に、これを戒むること、時として甚だ困難である。先年かの乃木大将自刃の際、少しでもこれに疑点を挟むものを国民が非常に罵倒し迫害し、果てはその邸内に石を投げ込むと云うが如き挙動に出でたのであったが、これなどは一面において大将の徳を懐《おも》うという美徳に淵源しても居るだろうけれども、他方慥《たし》かにこれは言論の自由に対する盲点的圧迫の明白なる一例である。新時代の国民の正に心して戒むべきことに属する。これらの点もまた我々が識者と共に大いに力を尽してその反省を国民に覓《もと》めねばならぬ点である。

以上は識者先覚者の社会的に努力するによって達せらるべき方面であって、最も根本的の重要なる点であるが、なおこの外にこれと牽聯して制度の上に改善を計るべき方面が二つある。一つは選挙取締のことに関し、一つは選挙権拡張のことに関する。そこで、

第二に予は選挙法中、取締規則を厳重にし且つこれを励行することが必要であると主張する

しばしば説くが如く、憲政の運用に最も憂うべきことは主客の顚倒である。議員が人民を籠絡する時は、必ず腐敗と悪政とが跋扈する時である。これに反して人民が議員を支配する時に、初めて憲政の運用は適当の順路を取る。故に議員と人民との間に行わるる醜穢の手段は、特に厳罰をもってこれに臨むの必要がある。普通刑法上の類似の罪に比して、選挙法上の罪は更に厳重なる所罰を必要とするのである。しからずんば憲政は逆転して天下は悪政の横行する所と為らざるを得ない。故に取締規則を厳重にししかもこれを厳格に励行するということは、極めて必要である。この点は各国皆共に心を注いで居る点である。

細目のことは各国選挙法の比較研究に譲るが、この点については我が国の選挙法も実は相当に厳しく出来て居る。ただ遺憾に思うのはその励行において未だ十分ならざる所あり、甚だしきは往々政府自ら自党の運動に対してこの点を寛大に取扱わんとするの傾向あることである。予輩は最もこの点について情実の行わるるを忌む。選挙罪悪は出来るだけ厳しくこれを糾弾《きゆうだん》するにあらずんば、憲政の成績は挙がるものではない。

なお取締規則のことについてモ一つ更に注意すべきは、立憲政治においては、例えば収賄罪の如き場合において、取るものよりもむしろ与うるものの罪を重くせねばならぬと云うことである。凡そ人間はいくら立派に為っても、誘惑を蒙りやすい地位に置けば、人情としてこれに陥りやすいものである。故にいかに選挙道徳を鼓吹しても、賄賂などを使うものがあっては、選挙界の廓清は期せられない。現に買収の歴史を見ても、多くは選挙人よりこれを求めたるにあらずして、議員候補者の方よりこれを提供するのが常である。故に大体において人民には罪がない。与うるものがあればこそ、これを受くるのである。しかして賄賂の行わるるは、選挙を不真面目にするのみならず、後には選挙を自己の特権とするの観念を弱め、結果が更に原因をなして、ますます選挙界の腐敗を滋《しげ》くする。故に選挙取締の規則においては、受くるものよりも与うるものに厳罰を加うることにしなければならぬ。次に、予は

第三に選挙権は出来るだけこれを拡張することが必要であると主張する

選挙権が限られて居れば、腐敗手段が無遠慮に行われる。選挙権が極端まで拡がって来ると、到底買収などは仕切れなくなる。のみならず、候補者は金銭その他の利益をもっては到底争い切れなくなるから、そこで初めて真面目に自分の識見人格を赤裸々に民衆に訴えて競争するということになる。したがってまた一面に国民は大いにこれによって政治教育を受くるの機会を得ることにもなる。今日のように選挙権を制限して置いては、必ずしも自分の識見人格を訴えなくとも競争に勝てる見込があるから、政党などですら甚だ民間の政治教育を疎略にして居る。故に選挙界の廓清を計ると云うことから観ても、または民智向上の傾向を促進すると云うことから観ても、選挙権の拡張は極めて必要であると信ずる（『現代の政治』五一―五六頁参照）。もっとも選挙権の拡張は以上の立場からばかりでなく、選挙の本質に関する理想上の要求としても唱えられて居る。そは、一体選挙ということは広く国民一般の代表者を挙ぐると云うが本来の趣意である。もっとも乾燥な法律論より云えば、選挙は委託にあらず、代議士は国民の代表者にあらずというかも知れぬ。けれども政治上代議士が立派に国民の代表者たることは一点の疑いはない。したがって代議士は一部分の階級のみの代表者であってはならない。故にその選挙に与《あずか》るものの範囲は、出来るだけ広きを可とする道理である。昔は天賦人権説などを楯として、凡ての国民の参政権を享有すべきを主張するものもあったけれども、この論の今日に通用せざるはもとより論を俟たない。一部の人はまた今日国民一般の普ねく選挙権を有せざるべからざる所以は、国民が一般に納税と兵役との義務を負担して居るがためなりという者もある。しかしこの論もまたもとより誤りである。何となれば、選挙権はもと国家に対する国民義務の報償として与えらるるものでないからである。故にこれらの論拠より選挙権の普及を説くは誤りである。けれども、しかし選挙の目的が本来国民一般の全体の利益を代表せしむるにあると云う政治上の根拠は、今も昔も変らない。そこで我々はこの本拠から選挙権は出来るだけ広き範囲にこれを与うるのが正当であると考えるのである。もっとも出来るだけ広き範囲にこれを与えよと云うのは、必ずしも無制限にこれを許せと云う意味ではない。選挙の目的を達するために、必要上または便宜上ある種類の制限を附することは、これを認めなければならない。例えば幼者、狂者、犯罪人、貧民救助を受くるもの、破産の宣告を受けたるもの等は、初めからこれを除外せねばなるまい。また一年以上同一選挙区内に住所を有するを要すという条件の如きも、一つには名簿調製上の便宜のために、また一つには定住なき浮浪の徒を除外するために必要であろう。それ以外において更に婦人を除くべきや否やは蓋し将来の問題である。今日の所は一般に選挙権は男子の専有に帰して居る。もっとも婦人に参政権を与えて居る国もないではない。例えば露国の芬蘭《フィンランド》議会、濠洲聯邦及びその各州、ニュージーランド、北米合衆国中の数州の如きすなわちこれである。欧洲における独立国としては那威《ノルウェー》がすでにこれを与えて居る。もっとも那威においては、初めは女子に限って相当の制限の下に選挙権を与えて居ったのであったが、一九一三年以来、男子同様普通選挙制を適用することにした。しかしてこれらの国を外にして今日少なくとも婦人参政権論が欧洲各国に盛んであることは人の知る所である。

さもあらばあれ、かく理論上の要求としては出来るだけ選挙権を広く与うべしと云うにかかわらず、実際上種々の制限を設けて居るもの近世各国中甚だ尠くはない。その理由にはいろいろあるが、その主なるものを挙げると次の二つがあると思う。

第一はたとい青年男子のみを取るも、その中にはなお多数の権利行使に適せざるものがある。すなわち選挙と云う公権を実行する程智見の熟せざるもの尠くないという所から、制限制度を是認せんとするものである。しかしながらこの説が非常に教育の程度の低い国においては適用あるかも知れぬが、今日の開明国には最早通用しない論である。その上今日の立憲政治は、人民に非常に高い見識を要求するものではない。このことはすでにさきにも詳しく述べたのである。今仮りに一歩を譲って論者の説に一応の理ありとしても、権利行使に適するものと否とを何によって区別するか。この点が甚だ明白正確でない。今日現に不適者淘汰の標準として採用せられて居るものは、教育上の制限と財産上の制限と二つである。教育上の制限には、あるいはこれを絶対的の要件とするものあり、すなわち一定の学校教育を受けたものにあらざれば選挙権を与えずとするものがある。けれども今日は学校の教育のみが人類教養の有無を分つものではない。且つまた今日学校教育の非常に普及した世の中においてはこの標準は大した実用がないかも知れぬ。いずれにしても教育資格を絶対の要件として挙ぐるのは時勢後れである。次にあるいはこれを財産資格に代るを得るものとするのがある。すなわちまず財産上の制限を設け、その制限に入らざるものも一定の教育あるものには選挙権を特に与うるとするのである。これは財産的制限の高い国には必要な制度であろう。現に洪牙利に行われて居る。現に我が国でも大限内閣はこれを採用せんとするの意嚮ありと伝えられて居る。またあるいはこれを複数投票を与うるの要件とするものがある。すなわち国民一般は一票の投票権を一様にもって居るが、特に一定の教育を受けたものには二票三票を与うると云うのである。現に白耳義及び独逸のサキソニーに行われて居るが、この方法は理論上は面白いが実際上は特権階級の擁護に悪用せらるるの傾向ありとて、これら諸国においても批難せられて居る。これら三つの種類があるが、要するに教育上の制限ならば畢竟は蛇足に過ぎまいとは思うけれども、これを設けても大した弊害はない。蓋し甚だしき高き制限にあらざる以上、教育の普及したる今日、この制限はあるもなきも同一なるべきをもってである。しかるに納税または財産上の制度ということになると、これは実に今日の時勢に適せざる極めて不当なる制限である。何となれば今日にあっては財産の有無は最早人類教養の有無を分つ有力な標準ではないからである。もっとも財産もしくは納税上の制限が選挙権享有の必要条件となった沿革については相当の理由がある。その訳はこの制度の起源たる英国の国会と云うものは、モトモト租税を承諾し、予算を討議するための機関であったからである。されば初代の英国国会に在っては租税を納むるものでなければ議員となるの必要がなかったのである。しかして今日の国会は最早昔とはまるでその意味を一変して居るのだから、昔と同じ理由でもって仍《じょう》然《ぜん》この納税資格を法律上に認むることはもちろん出来なくなった。もし今日においてもなおこの資格制限を維持せんとせば、あるいは恒産なきものは恒心なしとか、またはこの制限を設けざれば浮浪の徒また政権に与るの危険ありとか云う類の理窟を捏《こ》ねなければならぬ。けれども浮浪の徒の政権に与るの危険は、前に述べた通り、住所の制限によりてこれを防ぐことを得べく、また一定の財産を標準として機械的に恒心有るものとこれ無きものとを分つことは事実不可能であるが故に、畢竟この種の制限は今日なんらの意味がなくなったものと云わざるを得ない。故に多少の制限を選挙権の範囲の上に加うるの必要がありとしても、財産の有無をもってその標準とするの不当なるは今日はすでに余りに明白である。ただ、しからばこれに代りていかなる標準を採りて制限の基礎とすべきやは極めて困難なる問題である。けれども今日の多数説に従えば制限を付すると云うそのこと自身が、すでに漸く合理的の根拠を失いつつあるのである。

第二に選挙権を制限すべしと云う議論には、更にこういう理由を挙ぐるものもある。曰く選挙法の目的は一つには適任者を得るに在る。何人が適任者なるかは多数の能く決し得る所ではなくして、少数者のみよくこれを知って居る。故に選挙権を制限するはすなわちこの目的に協う所以であると。けれどもこの説は選挙権を極度に制限して、一代議士の選挙に与るものの数を十人とか二十人とかに限るならば、あるいは正当ということも出来るが、現今の如く数千数万の人が係わると云う場合においては、制限選挙も普通選挙も実は五十歩百歩なりと云わざるを得ない。故に特に制限選挙でなければ適才は得られないと云う実際上の根拠があるのではない。それならば選挙人を非常に少数にすればよいかと云うに、この場合は一見可なるが如くにしてその実かえっていわゆる主客顚倒の形を馴致し、候補者が不正手段をもって選挙人の意思を籠絡するという弊を導きやすい。現に選挙人の極めて少数なる例はこれを間接選挙制度――人民が選挙人を選び、選挙人が更に代議士を選ぶ制度――に見るが、この制度の実際上の経験に徴する時は、亜米利加の大統領選挙の場合におけるが如く、人民が余りに政治に熱心なるがために選挙人は全然人民の意思に左右せられ、もって間接選挙をして有名無実に終らしめて居るのもあるけれども、普魯西の下院議員の選挙においては、人民すこぶる冷淡なるの結果、少数なる選挙人の専横を来たし、ために議会においては特権階級の大跋扈を見て居るのである。要するに選挙人の数を制限する時は、あるいは専制者流の乗ずる所となり、あるいは腐敗手段の毒する所となり、いずれにしても良結果を社会に与うることはない。すなわち請托、買収、脅迫等の不正手段は選挙権者の数少なきに乗じて、盛んに活躍するものである。かくては選挙界の腐敗を来たし、更に議会の堕落を導くのみならず、代議士をしてまた公然選挙権者一般の利益に反せしむることになる。もって憲政の進歩を阻礙することすこぶる夥しい。この点より見ても選挙権は出来るだけ広きに及ばねばならぬことは明白である。

選挙権が制限せられて居れば、議会は多くの場合において腐敗するか、少なくとも特権階級の利用する所となる。かくてはせっかく民本主義の要求に促がされて設けられた議会も、更に民本主義の用をなさざることになる。こういう理窟からして、各国においては一時盛んに選挙権拡張論が唱えられたのであった。彼らは初め憲法の制定、民選議院の設立、この二者によって民本主義の要求は十分にこれを満足せしめ得べしと考えた。けれどもしばらくして実際の経験は彼らに教うるに、彼らの要求は民選議院の設立そのものによっては直ちに満足せしめらるるにあらずして、民選議院がいかように構成せらるるかによって初めて達せらるるべきものなることをもってした。初め彼らは民選議院の空名を得るに急にして、実質的組織の問題は深くこれを問わなかったのであるが、議院設立後のしばらくの経験の結果、再び声を新たにして議会改造の必要を叫ばざるを得ざることとなったのである。蓋し憲法政治創始当時における民選議院は、多くの国においてその構成はすこぶる平民的ではなかった。殊に欧洲諸国においては、民衆の勢力に迫られて憲法の制定発布を見たのではあるけれども、歴史的特権階級の惰力もまた陰然として一大潜勢力を有し、憲法はすなわちこの二大勢力の妥協の結果として発生したのであるから、議会構成の上にも反動的勢力は多大の利便を留め、もしくは少なくとも彼らはここに民本主義の充分なる発現を妨ぐることを得た。すなわち制限選挙制度の如き、一面において僅かに特権階級の民衆的勢力に対する一防波堤である。これあるがために民本主義の要求は議会において十分にこれを貫徹することを得ないのである。選挙権に対する制限の、憲法創設当時いかに高かったかは、仏蘭西の憲法史に明白である。革命後の第一の憲法（一七九一年）は、財産的制限としては、僅かに三日間の労働に均しきだけの直接税を納むるものと云う極めて軽微なる制限に止めたけれども、一面においては間接選挙であった。第二の憲法（一七九三年）は初めて普通選挙で且つ直接主義を認めたけれども、これは実行せられなかったのみならず、その普通選挙主義を採ったのも、天賦人権の空論に基いたものであって、社会の現実なる要求に根柢したものではなかった。故に第三の憲法（一七九五年）では再び間接選挙で、少額の納税資格を認むるという昔の制限制度に復った。かくて革命当初は、財産上の制限は表面割合に軽かったけれども間接選挙制なるとまた年齢の制限がすこぶる高かったので、畢竟実際の制限は相当に高いものであった。しかるに一八一四年の王政復古の憲法に至っては、著しく反動的分子を加え、選挙権享有の納税資格は、三百法《フラン》以上、被選挙権の方は千法以上と云う途方もない高いものとなった。後年多少の低減を見たけれども、その制限の高き、有権者は僅かに千分の三を算え、一八三〇年の七月革命の結果、更に財産的制限を二百法に下げても、なお有権者の数は人口総数の千分の六に過ぎなかった。今日世界において最も制限の高き我が国の規制に比してなお五十分の一である。こういう形勢であったから、仏国の民衆は間もなく制限の撤廃を要求して大いに反動的勢力と争うたのである。しかしてこの運動は一八四八年の二月革命において漸くその目的を達した。これより仏蘭西は普通選挙制を取り、もって今日に到って居る。

さて制限の撤廃によりて、議会を改造すべしとの要求は、これと同じ理由でもって、仏国以外にも当時盛んに唱えられたのである。しかして今や仏国の普通選挙制の獲得に成功せるを見るに及んで、各国もだんだんこれに倣《なら》うようになった。かくして今日ではこの制は世界各国に普ねく採用せられて居る。あるいは少なくともだんだん採用せられんとするの傾向に進んで居る。欧洲において比較的重き制限を今なお保有するものは洪牙利であるが、しかし洪牙利が普通選挙制を布かないのは、人種関係の上から已むを得ない点もある。洪牙利の政治的中心勢力はいわゆる洪牙利人にある。しかして洪牙利人は全人口の中においては半数に足りない。しかもなお議会において多数を占めて居るのは、制限選挙制の結果である。もし普通選挙制を布けば洪牙利人の政治的優勢は大いに動揺せらるるの恐れがある。ここにおいて現在の政府党は、極力普通選挙論に反対して居るのである。それでも時勢の進運に促がされて、洪牙利も近き将来においては普通選挙制にならねばならぬ勢いに迫られて居ったのである。洪牙利を外にしては英国と和蘭《オランダ》が多少の制限を附している。けれども非常に軽微なる制限にしてほとんど云うに足りない。独逸国内の諸邦の中には、今日なお制限を有するものが多いけれども、最近バーデン（一九〇四年）、ウィルテンブルグ（一九〇六年）はすでに普通選挙制を採り、バイエルン、ヘッセンも大いに制限を低下した。ただ普魯西が今なお六十余年前の旧法を墨守して三級制度、間接主義を革《あらた》めざるを最も著しい例外とすべきである。もっともこれには実は相当の理由がある。煩わしければ今は述べぬ。かくて世界の文明国はほとんど皆大体普通選挙制を採用してしまったと見てよい。故に今日東西の文明国中、比較的重き制限を附するものとしては、僅かに露西亜と我が日本とを算うべきである。他の一般文明国においては、普通選挙制を採用すべきや否やは、すでに過去の問題にして、今日の政論には上らない。我が国においても近時だんだん選挙権拡張論は盛んになってきたが、しかし普通選挙論の流行を見るまでには未だ大部時が掛るようだ。先般大隈内閣が十円の制限を低下して五円となすという姑息の案を提唱した時ですら、一部の政界に激しき反対があった位であるから、普通選挙の実現を見るは何《いつ》の日にあるか、前途遼遠の感なきを得ない。我が国の多数の識者の間には実に不思議な程普通選挙制度に対する誤解と反感とが激しい。もっともこの制度は初めは主として社会主義者の一派によって唱えられたのであった。これがたまたま誤解を招く所以となったのであろう。上流社会がこの制度を喜ばないのは無理もないとして、一般社会までがこの制度を衷心から歓迎しないのは極めて不思議な現象である。もっとも普通選挙制度の採用の案は、明治四十四年第二十七議会において一度衆議院を通過したことはある。しかして当時伝うる者は曰く、衆議院では貴族院の必ずやこれを否決すべきことを確信してこれを通過したのであると。果して貴族院は大多数をもってこれを斥けたのであった。しかれどもこの点の誤解を解いて、我々が衷心から普通選挙制の採用にあらずんば憲政の円満なる進行を見る能わざる所以を納得し、またこれを深く国民一般に徹底せしむるでなければ、我が国憲政の前途は実に暗澹たるものである。今日選挙権を制限して居る結果として、我が国の有権者の総人口に対する割合は、僅かに百分の三に過ぎない。昨年三月の総選挙の際に現在せる有権者数は、百五十四万四千七百二十五人に過ぎなかった。これを那威の三割三分を超え、北米合衆国の二割九分を超え、仏国の二割七分強、白耳義の二割三分、伊太利及び独逸の二割二分、更に多少の制限を有する英吉利の一割八分、和蘭の一割三分なるに比すれば非常の逕庭である。洪牙利といえども六分五厘を超え、我が国の二倍以上である。こういう風に選挙権を制限して居れば、前に述べたように、主客顚倒の弊に陥るの危険あるはもちろんのこと、選挙権は国民の公権なりという実が挙らない。少なくとも国民の心頭に、国民の神聖なる権利として選挙を苟且《こうしょ》にすべからざるの念慮を起さしむることが出来ない。小学校や中学校の教師に、立憲思想の養成に努めよと言ったとて、彼ら自身はむろん、彼らの親族故旧に選挙権を有して居る者が少なければ、親身にその権利の尊ぶべき所以を味わうことが出来まい。聞く者もまた同様である。自分の父兄、自分の親族やが洽くこれをもって居ればこそ、話を聞いても親しみがある。そうでなければ、選挙の話を聞いても自分とは風馬牛相関せざる閑談として受取るの外はない。

かくの如く選挙権の拡張は、取締法の厳重なる励行と共に、我が国において焦眉の急務とする所である。これを諸国の歴史に見ても、選挙界の廓清は多くこの二事によって成し遂げられた。この二事を疎かにしては、いかに選挙道徳を鼓吹して民間の良心を鞭撻しても、憲政の理想はこれを実現するに由なきものである。とにかく選挙権拡張論は、我々の最も真面目に研究すべき問題にして、また我々は今後最も熱心にこれを唱道せなければならぬ。世間に誤解があるだけ、我々は一方には識者の反省を求め、また他方には政界の迷夢を開き、もって近き将来においてこれが実施を見んことに努力せねばならぬ。

選挙法問題は、今日どこの国でも、憲政改善を説く議論の中心になって居る。けれども選挙権の拡張ということはすでに解決を見たので、西欧各国の問題は更に一歩二歩先へ進んで居るのである。露西亜とプロシアとは、今なお我が国と同一程度にあるけれども、他の国は最近一九〇七年墺太利が普通選挙制を採用し、一九一二年伊太利がまたこれを採用したるを最後として、大抵解決がついた。しかして今は同じく選挙法問題を論争して居るとはいえ、普通選挙制度の精神を更に能く徹底せしむるための議論である。このことは直接我が国の憲政論の上に関係はないようであるけれども、我が国における憲政の重要問題を西洋のそれに比していかに遅れて居るかを明らかにするために、簡単にこれを説こう。すなわち西洋では普通選挙制はすでに普ねくこれを採用した。更に飽くまでその精神を貫こうという趣意から新たに二種の問題を起して居るのである。一つは純正なる普通選挙主義の要求で、他は選挙区分配改造の要求である。第一の方はたとい国民全般に選挙権を与えても、財産教育等の標準によって一部少数の階級に二票三票を与えては、名は普通選挙制でもその実、制限選挙制となんらその効果を異にしないというのである。すなわち白耳義では財産教育ある者に、一定の標準によりあるいは二票、あるいは三票の投票権を与えて居る。英吉利でも財産を二箇所でもって居るものは、その両選挙区において投票することが出来る制度になって居る。これがたまたま特権階級の利益の擁護に利用さるるから、民本主義の精神の上から見てその当を得たるものではないというのである。複数投票主義の廃止が、多年英国自由党の宿論であり、また白耳義の社会党・自由党の共同の主張であることは、我々の知るところである。殊に白耳義においてはこれがために保守党の政府と衝突をして、しばしば大ストライキの勃発なども見たことがある。第二は選挙区の分配を三十年も四十年も昔のままにして置いては時勢の変に伴う人口の移動に適応しなくなるというのである。時勢の進歩は田舎の人口を減じて都会にこれを集中せしむる。しかして田舎はすなわち保守的思想の確実に維持せらるる処、都会はすなわち過激なる進歩思想の横溢する処である。故に理論はともかくとして、保守党は旧制を維持するを利益とし、進歩派は人口の移動に従って選挙区の分配を改造することを利益とする。こういう点からして独逸帝国においては、政府と在野進歩派との間に多年選挙区の分配改造に関する争いがある。独逸今日の選挙法は一八六七年の人口調査を基礎として居る。その当時の人口は三千九百七十万、そこで人口十万人について代議士一人の割合として議員定数を三百九十七人とした。しかるに最近の調査によれば、人口の全数は増して六千五百万に達し、その増殖の割合は都会に多く田舎に少ない。一八六七年の当時は、人口十万以上の都会の人口は、全体の人口の一割五分六厘であったが、現今は二割一分四厘となって居る。現に伯林《ベルリン》の如きは人口三百万に達するのに、五十年前の調査を本として、僅かに六人の議員を出して居るのみである。故に進歩派から見れば、もしも選挙区の分配を適当に改むるならば、自分達の党派の議員の数が、更に著しく増すという見込がある。その実益の点はしばらく措いて、かくすることが正当であると主張してこの問題を争って居る。ただ独逸政府では、議会における形勢が一変して進歩派が勝利を占むるようでは、今日の軍国主義の維持が余程危うくなるから極力この要求には反抗して居る。以上二つの問題は共に皆普通選挙制の精神をなお一層徹底的に貫かんとするに在るので、今頃遡って普通選挙制を採用すべきや否やを論じて居るような国はほとんどない。これによって見ても我が国は遥かに彼らに遅れて居ると見なければならない。

なお終りについでをもって一言したきは、今日欧洲においては選挙法問題に関し、大選挙区とすべきや否や、比例代表主義を取るべきや否やの点も盛んに論ぜられて居ることである。最近この問題のやかましいのは仏蘭西である。比例代表主義はすでに白耳義においてすこぶる完全に行われて居る。この両者の研究はすこぶる興味ある問題に属するけれども、今直接の関係がないからここにはこれを説かぬ。ただ英吉利の如き政党内閣の発達したる国においては、これらの説はほとんど問題にされて居ない。なぜなれば大選挙区制、比例代表制の如きは、共に少数党に代表の機会を与うるもので、ためにすなわち二大政党対立の傾向を紛更するからである。英国の政客は議院多数党をもって内閣を組織するの主義を金科玉条として居る。この制度の完全なる運用には二大政党の対立を必要条件とする。故にこの大勢を妨ぐるところの制度は他にいかなる理由あるにかかわらず、英国においてはほとんど識者の省みるところとならない。殊に比例代表論の採用については、一部の政客の間に熱心にこれを希望するものあり、団体を集め私財を投じて熱心にその主義の弘布に努めて居る者もあるけれども、今日までのところ更に政治上実際の勢力とはならない。

議会と政府との関係

この関係もまた前の人民と議員との関係の如く、主客順当の地位にこれを置くことが肝腎である。蓋し直接に政権の運用に与るものは政府である。その政府を議会が監督することによって、初めて政治は公明正大なることを得る。しかるに政府は実権を握って居る者なるが故に、ややもすればその地位を利用して議員を操縦籠絡し、もって本来その監督を受くべきものをば転じて自分の意のままに頤使《いし》せんとする。ここにおいていろいろ隠密の弊害が生ずる。いわゆる瀆職《とくしょく》問題なるものはいつでもこの間から発生するものである。しかして瀆職問題は、普通政府側より千なり二千なりの金を議員に頒《わか》つという形においてあらわるるものであるが、千とか二千とかの金を政府側が出したというその奥には、更にどれだけの罪悪が潜んで居るか解らない。故に議会が主で政府が従たるの関係を厳重に維持するということは、憲政の健全なる運用の上に極めて必要である。

この点についても我々は、局に当る者の道徳的良心をして出来るだけ鋭敏ならしむることを根本的要件と為すものであるが、しかし一般の人民とは違って、議員ならびに政府当事者の如きは、いずれも国家のエリヌキの人才にして、普通の道徳上の義務責任は十分に心得て居る人々である。これに政治道徳を説くはあたかも釈迦に説法の嫌いなきにあらざれども、それにもかかわらず実際いろいろの失態を生ずるのは、畢竟制度の罪ではあるまいか。すなわち制度に欠陥あり、ために誘惑に与うるに乗ずるの機会をもってするがためではあるまいか。誘惑に襲われれば余程の立派な人でも過ちに陥りやすい。故に悪いことの出来ないような風に初めから制度を決めて置くことが実に必要である。この点より見て我々は、第一には監督者たる議員の質をよくすることを焦眉の急務とし、そのためには前段に述べた議員と人民との関係を正当の状態に置くことを最先の急要と認むるものである。この点において議会対人民の正当なる関係は、議会対政府の正当なる関係の前提条件といわねばならぬ。前者を整えずしては後者を論ずるは畢竟空論である。第二には議員と政府との間にややもすれば起り得べき政治的罪悪に対して、厳重なる態度を取ることが必要である。不都合な議員がある時に、人民が十分これを監督し、再びこれを代議士に出さないということになれば、自然不心得の者もなくなる道理である。けれども、万一隠密の手段をもって誘う者あり、議員また秘密の間に不正の利益を貪って後に暴《ば》れるの恐れもないと信ずれば、ここに不正行為が行われぬとも限らない。かくして彼は一時良心の命令に眼を掩い、徒らに政府の非政《ひせい》を助けて国民一般の利益を犠牲に供することになるかも知れぬ。かくの如き不祥事の発生を避くるためには、不正の利益を受くる者にも、またこれを与うる者にも、厳重なる態度をもってこれに臨む必要がある。ここに厳重なる態度というのは、啻に法律上厳しき制裁を加うるという許りの意味ではない。社会的にこれを極力擯斥《ひんせき》し、政治上においては再び起ち能わざる如き致命的打撃を与うべしという意味である。良心に忠実にして節操を重んずることは政治家の生命である。不正の利益のために意見を二、三にするが如きは、政治家としては罪これより大なるはない。一体かくの如きことの我々の問題に上るのが、すでに立憲国としては不思議な現象である。否、むしろ恥ずべき現象である。苟くも立憲政治の下においては、詰らない人間は初めから議員となるべきものではない。凡そ政治は本来極めて高尚なる仕事である。したがって高き教養ある人士のみよくこれを司り得べき仕事である。しからば政治家に対して人格の吟味をするが如きはこれ政治家を侮辱するものではないか。人格に疑問を置かるるが如き者は、初めから政治家としての取扱を受けないのが、西洋諸国の通例である。故に西洋では候補者の学識政見がもっぱら問題となるけれども、その人の人格を見ねばならぬというようなことは、まずないと云ってよいのである。人格の如何によりて候補者の月旦《げったん》を為すべしという議論のあることが、実は決して誇るべき現象ではないのである。いわんや世間一般の俗人の如く、全く候補者その人の人格をば顧みずして、ただその撒《ま》き散らす金の高によって投票すべきや否やを決すべしというが如きは、実に浅ましき限りであるといわねばならぬ。こういう状態であるから、議員の瀆職問題というようなものも頻繁に起るのである。社会の選良たるべき議員がその実万人の儀表たるべき人格を備えず、したがって議員にしばしば瀆職行為を為すものあるのは、恐らく我が国特有の現象であろう。かくの如くにしては到底我が国において憲政の進歩を見ることは出来ない。これを防ぐには繰り返していうが如く、人民をして初めその選挙を誤らざらしめんことが必要であるが、また議員のその職を瀆《けが》すものに向って最も峻厳なる制裁を加うることも極めて必要なのである。すなわちその職を瀆す議員に向っては、独り法律をもって厳しくその罪を罰するのみならず、我々はまた輿論の力をもって彼らを政界から葬ってしまうの覚悟がなければならぬ。

なおこの点に関して予の更に深く世上の注意を乞わんとする点は、誘わるる者よりも誘う者の罪が一層大なりという点である。このことは本誌去年十一月号の内外時事評論中「収賄贈賄罪いずれか重き」という篇中にも大浦問題に関連して説かれてあった。聞くところによれば、大浦子爵自身は初め自分の贈賄行為の不正なる所以を全然悟らなかったということである。彼はあの際もし勢いの馳するままに任して議会の解散を見るに至らば、これ実に国家に非常な損害を及ぼすものである、しかして僅々数万の金を使い、数名の変節漢を作ることによって、議会解散の厄を避くることを得たのは、これすなわちこの小罪悪によって国家の大厄を救うものなるが故に、自分はむしろ国家のために非常な貢献をなしたものと自信して疑わなかったということである。果してしからば子爵の心事や誠に諒とすべきものありといえども、その思想の頑迷固陋なるほとんど度すべからざるものがあると云わねばならぬ。彼は議会解散によって蒙る一時の物質的不利益をもって、政界腐敗の社会風教に及ぼす現在ならびに将来の精神的大損害よりも遥かに大なりとする点において、厭《あ》くまで物質主義に中毒して居るかの如くに見える。我々はむろん大浦子爵一個人にはなんらの恩怨がない。しかしながら我が国立憲の健全なる発達のためには子爵の如き頑迷なる思想の存在を呪うものであり、更に一歩を進めて、これを受くる者よりも、これを与うる子爵の如き考えの者が、立憲政治には一番有害有毒であるとの理窟を一般に鼓吹したいと思う。もしそれ大浦子爵をもって一点私腹を肥さず、不正の財を集めてそのままこれを奉公の用のために散じたるものなりと為し、この点を捉えてここに多少恕《じょ》すべきものありと論ずるが如きは、もっての外の僻論《へきろん》である。

議員と政府との関係については、前述の如く議員が政府の操縦するところとなるを妨げ得たとしても、さて議員が政府に対して正々堂々の争いをなす場合に、政府は政府の権限を楯に取って飽くまで議員の説に屈せざるを許す時は、これまた十分に議員をして政治監督の実をあげしむることは出来ない。議員の政府に対する道徳的独立を全うしたる上で、更に政府の非違を厭くまで糺《ただ》し、十分に議員をしてその監督の任に当らしむるためには、政府をして議会に対し政治上の責に任ぜしむることが必要である。ここにおいて政治上いわゆる責任内閣の問題が起る。すなわち政治上の制度もしくは慣行として、責任内閣の主義が確立するにあらざれば、議会と政府との正当なる関係は完きを得ない。したがってまた民本主義の要求も十分に貫徹せらるるを得ないのである。

責任内閣なる制度に対してまた超然内閣という主義がある。これは議会の意思に超脱して内閣は全然絶対的独立の地位を取るべしという趣意である。この主義を執れば、政府はいかに議会から反対されても、時によっては不信任の決議をされても、平気でその地位に留まるというのであるから、極端なことを言えば、どんな勝手な悪政をもどんどんこれを遂行し得る理窟になる。かくては政策の終局的決定を人民一般の意嚮に置くという趣意が通らない。故に超然内閣制は断じて立憲政治の常則ではない。もっとも単純な憲法論から言えば、国務大臣は独り君主に対してその責に任ずる者であるから、議会の反対に逢ったからと言って必ずしも直ちに当然その職を辞せねばならぬはずのものではない。したがって超然内閣でも憲法違反にはならない。すなわち違憲なりという訳には行かない。けれども立憲政治の精神に背くものなることは前述の通り明白である。したがって超然内閣制は非立憲の譏《そし》りを免るることは出来ない。世間往々憲法法理の議論と、憲法精神の政治論とを混同して事物の精密なる判断を誤る者あるが、この責任内閣制などを論ずる時にも、法律上許されないという違憲論と、憲法運用の精神に合するや否やの非立憲説とを混同する者往々にしてこれあるが、これは心して慎まねばならぬ。かくて憲政の円満なる運用如何の問題を論ずる場合には、ただそのことが違憲ならざるや否やの点のみを見たのでは定らない。更に非立憲ならざるや否やの点をも見なければならない。違憲なるものはもとより初めから問題とならない。違憲ならざるものの中にも更に細別すれば、立憲的なるものと非立憲的なるものとある。超然内閣制の如きは、憲法法理の範囲内においては許されて居ることであるとは言え、その非立憲的性質を有するの点よりして、憲政の運用においては断じてこれを非認せねばならぬものである。もしそれ国務大臣は独り君主に対して責任を有すとの憲法法理の論より出発して、政治上の内閣制度はまた須らく超然内閣たらざるべからずと論ずるに至っては、その謬りなること余りに明白にして深く論弁するの必要はあるまい。

かくの如く責任内閣の制度は憲政運用上欠くべからざるものであるが、ただ、しからばいかにして議会は内閣の責任を問うやと云うに、その方法は一にして足らない。最も単純な方法は弾劾の制度である。けれどもだんだんこの制度は実際に余り行われなくなり、今日は徒らに二、三の憲法上に空名を存するにとどまることとなった。しかして今日責任糾弾のために用いらるる普通の方法は議院内閣の制度である。したがって最近においては、大抵の国において、議会に多数を占むる政党の領袖が政府を組織するという例になって居る。この意味において今日の政府は概して政党内閣である。しかして内閣の椅子を占領して居る政党は、あるいは一政党なることあり、あるいは数政党の聯合なることあるが、畢竟するに議会に過半数を制する政党である。その政党の領袖が政府を組織して居るのであるが、これらの領袖は時に多少の例外はあるが概していえば同時に議会の議員たることが多い。この点において今日の内閣はまた議院内閣であるともいえる。こういう制度が一般に行わるれば、政府の責任はすなわち彼が議会に依然として多数的信任を維持し得るや否やによって糾弾さるる。もし多数的信任を失えばすなわち辞職して新たなる多数派にその地位を譲らねばならぬ。この議院内閣制の運用が、責任内閣の主義をすこぶる巧妙に徹底せしめて居るのである。昔時に在っては政府は政府、議会は議会と、全然別物であった。政府はすなわち君側の功臣主としてこれを組織し、政党にも、議会にも、なんらの基礎を有せざるものであった。かくの如き性質の政府であったから議会の反対などでは容易にこれを動かすことは出来なかった。不信任投票は最も明白に議会の対政府反感を示すものであるけれども、こんなことで政府はビクともしない。もっとも議会と政府と睨み合って居る当時に在っては、議会も軽率に不信任の投票をせぬとも限らないから、これによって軽々しく内閣を動かすという訳にも行かなかったろう。そこで弾劾という制度が発達したのである。弾劾はすなわち下院原告となり、上院これを裁判して、その結果下院の見るところを是なりとすれば内閣は更迭せねばならぬという制度である。しかしてこの場合君主は更に他の功臣をもって内閣を組織せしむるが、彼は本来議会になんらの基礎を有せざるが故に、再び弾劾せらるるを免れんがためには自ら議会の意思を尊重せざるを得ないことになる。したがって議会の意嚮は間接ではあるが政府を通じて行われ得ることになる。こういう意味で弾劾の制度も憲政運用の一便法として認められて居ったのである。しかるにその後だんだんに政党内閣の制度が流行するようになってからはこの制度の実用がなくなった。どうせ議会の意思を重んぜなければならぬものであるならば、議会に多数を占むる政党の領袖をそのまま挙げて政府に入れた方が捷径《しょうけい》である。議会に関係なき官僚が政府を組織するのではいつ何時《なんどき》議会の弾劾を受くるか判らぬ。したがって政府の恒久性を失うの不便がある。そこで政党内閣がだんだんに流行するようになったのである。こうなって見るとこの方が弾劾の制よりも一層よく責任内閣の意義を徹底せしむるを得るので、今日では独りこの方法のみが流行するようになった。

政党内閣制は、甲内閣が倒れた時直ちに議会の新多数勢力を代表する乙後継内閣がこれに代るということによって、その妙用を発揮する。しかるに後継内閣の組織は、前内閣の倒れた際における議会の多数的勢力というものが明瞭に纏まって居れば、容易に出来るが、しからずんば少なくとも一時は中々手古摺《てこず》るものである。すなわち二大政党対立の国においては、この点はうまく行われるが、小党分立の国においては、甚だうまく行かないのである。小党分立の国においては、一つの政党で議会に過半数を占むるということは普通あり得ない。したがって議会の多数は二党三党の聯合によって辛うじて纏まるを常とする。しかしてかかる聯合はもと中々纏まりにくきのみならず、また中途時々動揺するを避くる能わずして、ために内閣はややもすれば多数的基礎を失いてしばしば更迭せざるべからざるの悲運に遭遇する。しかも政変後の常として多数的勢力を作るべき新聯合は容易に纏まらず、後継内閣の組織出来上るまでには毎時も幾多の波瀾曲折を経るの例にして、立憲政治の運用はために大いに停滞せしめらるることになる。故に今日政党内閣の制度は、責任内閣の主義を最もよく貫くものであるとはいえ、小党分立の国においては実は十分にその妙用を発揮することを得ないのである。しかりしこうして一国の政党が二大党派に岐《わか》るるや否やは、国によって同じからざるのみならず、もとこれは勢いの自ら決するところであって一片の理論をもって人為的に作り能わざるものである。今欧米諸国の実況を見るに、英米系統の国は大体二大党派対立の形勢を呈して居る。もっとも細かく言えば、英吉利においては自由党・統一党の歴史的二大党派の外、アイルランド国民党及び労働党がある。また合衆国においては、共和党・民主党の外に、一九一二年ルーズヴェルトの創設せる進歩党がある。けれども亜米利加においては従来第三党はしばしば企てられてその度ごとに不成功に終った歴史があり、現にルーズヴェルトのこの党も今日はすでに孤城落日の悲況にあるということだ。その外に社会党もあるけれどもこれはほとんど無勢力と言ってよい。英吉利の愛蘭国民党は、愛蘭の自治を目的とする特別の党派にして、愛蘭の自治問題の決定と共に消滅すべき運命をもって居るものである。労働党は四十有余名の党員を有して自ら一勢力たるを失わざるも、今日自由党と結ぶことなくしては独立に何事もなし得ない。党員中、自由党の腰巾着たるに憤慨し、幹部に迫って労働党としての独立の面目を発揮すべきことを訴うるものもあるけれども、しかし大勢は自由党と深き同盟関係を持続することに満足して居る。故に英米の両国は大勢において二大政党対立の形勢に在りと言って不都合はない。英国各殖民地もまた同様である。したがってこれらの国においては政党内閣主義は極めて円満に行われて居る。しかるに他の欧羅巴諸国に在っては一として小党分立の国ならざるものはない。これ何によって然るやと云うに、あるいは人種の複雑、あるいは建国当初以来各地方地方の反目、その他種々雑多の特別の歴史的沿革に基くのである。比較的これらの原因の少き仏蘭西と伊太利ですら政党の数は八つ九つある。独逸に至っては十四、五を数え、洪牙利はやや少なく十余りを数うるも、墺太利に至っては大小無慮五十を超える。これらの国においては、啻に政党内閣が旨く行われざるのみならず、時としては超然内閣の行わるるを許さねばならぬ場合すらあり、少なくとも小党分立して相容れざるの結果、議会に交渉なき官僚一派の機に乗じて政権を掌握するの特例を開くことまた決して稀でない。幸いに必ず政党をもって内閣を組織するの慣例による者といえども、その内閣の寿命は極めて短くしてしかも後継内閣の詮衡には毎時でも多大の困難を感ずるのである。独逸の憲法学者ロエニング博士はかつて曰った、仏蘭西の内閣の平均の寿命は七ヶ月で、伊太利は十一ヶ月半也と（同氏著『十九世紀に於ける代議政体』）。仏蘭西は第三共和国初って以来今日に至るまで年を閲《けみ》すること四十五年、その間内閣更迭を見たこと最近の改造までを数えて五十一回に上る、十九世紀では平均七ヶ月であったから二十世紀に入って幾何《いくばく》か長くなったのであろうけれども、しかし一九一三年二月現大統領ポアンカレーの辞任以後のみを数うると、ブリアン内閣は二月より三月に亙る一ヶ月。バルツー内閣は三月より十二月に至る九ヶ月余り。ドゥーメルグ内閣は十二月より翌年六月に至る半ヶ年。リボー内閣は成立の翌日不信任投票によりて倒れ寿命僅かに一日。これに次いでヴィヴィアニ内閣が出来た。六月成立して間もなく戦乱となり、八月改造して挙国一致内閣を組織し、昨年の十月末に及んだ。目下はブリアン再び総理となって居る。以上の例をもっても仏国内閣の更迭極めて頻繁なるを見るべきである。啻に更迭の頻繁な許りではない。内閣が倒れた後の始末がまた大変の骨折りだ。この場合通例大統領は即刻上下両院議長を官邸に呼んで後継内閣の組織を相談する。何人《なんぴと》を総理とすれば何人と何人とを内閣に網羅することを得てもって議会の過半数を制し得べきかにつき、苦心惨憺して協議を凝らすのである。しかも幸にこれと眼差す人の承諾を得ればよし、たまたまその承諾を得ねば五日も六日も長く相談に時を費すのである。かくの如き次第であるから政党内閣制が責任内閣の主義を貫くために極めて適当なりと定まっても、小党分立ではその実際の効績は半ば殺《そ》がれると見なければならぬ。換言すれば政党内閣制の妙用を発揮するには、是非とも二大政党対立の勢を馴致することが必要である。しかも二大政党は勢いの決する所にして一応の議論のよくこれを左右し得る所ではない。故に果して政党内閣制の旨く行われるものか否かは国によって必ずしも同一ではないのである。ここにおいて問題は起る。我が日本に果して政党政治は旨く行われ得るや否やと。この問題について予は同じく『現代の政治』中に特別の一篇を設けて精しく愚見を披瀝して居る（同書一八三—二一六頁）。この小論文において、予は第一に政党政治の理論上善いものか悪いものかを決定し、また理論上善いものとしても事実日本において可能なりや否や、すなわち我が国における政党関係の趨勢は二大政党に自ら岐るるものなりや否やを解明し、結局その可能なる所以を断定した。なお可能なりとしても日本の国法上これを許すを得るや否やの疑問もあるので、更に進んでその問題に解決を与え、次に政党政治の実行は日本の現状に照らして利益ある所以を説き、且つ我が国の政党関係の趨勢は近き将来において政党政治の円満なる実行を見るに至るべき見込ある所以を論じ、最後に政党政治の行われざるによって蒙る不便、またそれが行わるるによりて得べき利益を挙げて全篇を結んだ。この論点からして予は日本における憲政の進歩発達を計る上から、二大政党対立の自然的傾向を助長すべく、これを妨ぐる原因あらば極力これを排除すべき所以を天下に訴えんと欲するものである。殊に一部の政客中に些々《ささ》たる感情に捉えられて故《ことさ》らに異を樹《た》て、いわゆる小異を捨てて大同に合するの雅量を欠く、十年苦節を守るなどとの美名に隠れて政界の拗《す》ね者たるに終る者の少なからざるを遺憾とするものである。政客に雅量の乏しきは当今我が国の一大憂患である。

以上予は憲政の円満なる発達のためには責任内閣制度の徹底的に行わるるを必要とする所以を説いた。しかしながらこの点は西洋では実は夙《と》うの昔に解決が出来て、今日はほとんど問題となっては居ないのである。今日こんなことが問題となって居る処ありとすれば、これたまたま憲政の発達すこぶる後れて居るを示すものである。ただ例外としてこの種の問題は露西亜と独逸とにおいて唱えられて居るのみである。露西亜にこの問題のあるのは、同国が欧羅巴における最後の立憲国として、日露戦争後民間の要求に迫られて厭《い》や厭やながらすこぶる専制的なる憲法を発布したと云う事情に徴して明白であろう。独逸帝国に至っては立国の事情から行政権の絶対的独立を主張するの必要があって然るものである。独逸は元来は普魯西《プロシア》の武力をもって起り、また現に普魯西の武力をもって統一を維持する所の国柄である。内部において普魯西に反感をもって居る諸邦少なからざるのみならず、また所在《ところどころ》に歴史的理由に依りて独逸政府の強大を喜ばざるもの、例えばアルサス・ローレン人、波蘭《ポーランド》人、シュレシウィッヒュ・ホルスタイン人、ハノーヴァー人の如きがある。その外少なからざる勢力を占むる天主教徒と社会主義者とはまた熱心に、普魯西を中心としての独逸国力の発展膨脹を快とせない。しかしてこれらの本来不統一なる諸要素を纏めて強大なる一国家を作るには、行政権に余程絶大なる権力を与うることが必要である、のみならず、なお行政権に永続性を持たしめねばならぬ。しかして特別の理由に基き普通選挙制によって組織することとなった帝国議会が、前記各種各様の意見の代表者である以上、行政当局者をして軽々しく議会の左右する所とならしめては、独逸帝国の基礎が甚だ険呑《けんのん》である。したがって独逸帝国では帝国宰相の責任については憲法第十七条の二項において「皇帝ノ命令及ビ処分ハ帝国ノ名ニ於テ発セラレ、帝国宰相ノ副署ニヨッテ其効力ヲ生ズ。帝国宰相ハ之ニヨッテ責任ヲ負フ。」と定むるに止まり、なんらその責任を糺すの細目の規定を欠いて居る。したがって帝国宰相はもっぱら皇帝の信任によって進退し、全然議会の勢力の外にある。なお、ついでに申すが、独逸では我が国などのような政府と云うものはない。行政権の首脳は皇帝にして、皇帝の下にいわゆる帝国宰相あり、行政全般の実際の当局者として、すべての事務を法律上一身の責任をもって取扱って居る。故に表向き我が国のいわば国務大臣に当る如きものは独逸では帝国宰相一人である。したがって彼は帝国宰相にして兼外務大臣と云う公の称号をもって居る。彼の下に別に外務大臣、内務大臣、陸海軍両大臣、殖民大臣等があれども、これは帝国宰相の取扱う各種の事務の役所の主任と云う性質の者に過ぎない。これらのものが集って帝国宰相を総理大臣とする内閣を組織するのではない。帝国宰相はこれらの大臣と連帯してその責に任ずるのではもちろんない。故に我々の云う責任内閣に当るものは、独逸では帝国宰相の責任という問題になる。しかしてこの帝国宰相は、事実上皇帝の信任にのみ依頼し、議会の勢力の外に超然として居るから、寿命もまたしたがって甚だ長い。仏蘭西に比してあたかも正反対である。何となればば建国以来仏蘭西と同様四十五年の星霜の間、宰相の職はビスマルクに始まりてこれをカプリヴィに伝え、ホーヘンローへ公よりビューロー公を経て今日のビートマン・ホールウェッグに至るまで、僅かに五代を数うるに過ぎないからである。それでも従来は未だ議会から不信任の決議をされたと云うことがなかった。実は議会でもしばしば政府と衝突したのであったが、独逸は四面強敵に囲まれて居る国柄だけ、政客は皆徒らに内紛を事とするの不利益を知って居るから、大抵の問題についてはあるいは譲歩し、あるいは妥協するのであった。ただ一昨年に至って初めて現宰相に対し議会は明白に不信任の投票をした。しかも一度は波蘭問題について、一度は有名なるツァーベルン事件について。すなわち同一年間に前後二回不信任の投票をしたのである。独逸の宰相はかくてもカイゼルの御信任を口実として依然その職に留まるや否や、世間は非常の興味をもってこれを見たのであったが、ビートマン・ホルウェッグは議会の不信任に屈してその職を退くようなことは断然しないと云う態度を固執して、ここに初めて独逸の超然主義は明白に決定された。かくの如くして、独逸は今日独り例外として超然主義を執って居る。けれどもこれは超然主義を可とするの理論上の確信に基いたと見るべきものではなくして、実は独逸立国の特別なる事情に基く已むを得ざるに出でたものである。さればかくの如き特別の事情のない諸国においては、今日一として超然主義を執るものはないのである。

この点について我が国の状況は如何というに、予の見る所では大体適当なる進路を取って居ると思う。責任内閣の制度が十分に貫かれて居るとは云えないにしても、今日議会の不信任投票は必ず内閣の総辞職を結果せねばならぬと云う確信は凡ての人に懐《いだ》かれて居るようだ。さればこそ不信任投票のいよいよ行われんとするを見るや、政府は常に事前に議会を解散すると云う例になって居る。明治十八年十二月、時の伊藤伯を首班として初めて今日の内閣制度が出来てより、内閣の更迭を見ること前後約二十回に及ぶが、大多数は皆議会との衝突の結果である。その初め超然内閣主義を主張して居った時ですら、議会の反対に逢ってはその地位を持続することは出来なかった。当時我が国の超然内閣と云う意味は、議会に代表者を有する政党より超然として居ると云う意味で、議会の決議より超然として居ると云う意味ではなかったらしい。三十年代の半ば過ぎより桂、西園寺互いに交代して政権を握るの慣例を開いてから、今日では、十分政党内閣の主義が貫かれないまでも、しかも議会の多数的勢力となんらかの形において結托せずしては、何人といえども内閣に立つことが出来ないと云う形勢に立ち至って居る。我々はますますこの形勢を助長し発達せしめて、政党政治の更に完全なる実行を見んことを期すべきである。この立場より観察して予輩は、時々唱えらるる挙国一致内閣とか、また時々一部の策士によって夢想せらるる人才内閣とかの如きは、たといこれによって一時好結果を奏することあるべしとしても、憲政の進歩を計る上からは断然これを排斥せねばならぬと信ずる。故に我々は今日この方面においてなお大いに奮闘し、且つ大いに論争せねばならぬのである。かくして一部頑迷の見を打破撲滅するは、議会をして十分に政府を監督せしめ、もって政界の中心勢力たるの実を挙げしむるために、極めて必要であると信ずるものである。

議会が政界の中心勢力たることは憲政の運用上極めて必要である。このために我々は責任内閣主義を説いたのであるが、西洋では更に一歩を進めて居る所がある。すなわち一、二の国では、議会殊に民選議院を政界の中心勢力たらしむるためには、政府は最早有力な障礙物ではない。今日なお多少でも民選議院の政治的優越を妨ぐるものありとすれば、それは上院である。そこで最近この上下両院の関係の上に、下院の優越的地位を確定せんとするの説が現れてきた。例えば上下両院、各々その見る所を異にし、両々相対峙して下《さが》らない場合には、いかにしてこれより生ずる難関を切り抜けんとするかの問題が起るが、これはもとより未決のままに放任して置く訳には行かぬ。しかもこれを上院の勝利に帰しては民本主義の要求が貫徹しないから、ここに漸くこの種の問題については結局下院の勝利に解決するの外はあるまいという考えが起ってきたのである。もっともかくてはせっかく上院を設けた趣意に背くようにも見える。けれども上院をして下院の決議に対し更に文句を言わしむる所以のものは、もと下院によりて代表せらるる民衆の智見が未だ十分に発達して居ないと云う前提に基くのであった。しかるに今日は民衆の発達すこぶる高いものがある。したがって上院の掣肘《せいちゅう》を排して下院の優越を認むるも、事実の上にまた甚しき不都合はないといえる。かく云う点から、下院の優越を制度の上に認むるの案もまた、特に民衆の発達の著しい国においては、一面是認せらるるの理由もあるのである。ただしこの点を制度の上に解決した国は今日まだ極めて尠い。その主なる者は英国と濠洲とである。他の国では事実上、上下両院衝突して相譲らざる場合には緊急勅令とか臨時緊急の行政処分等の方法により一時を糊塗して居るが、しかし常にこの方法に依頼しては行政権の専横を促すの恐れあるが故に、結局は議会それ自身をしてこれを解決せしむる方が好いのである。したがって将来は上下両院の優越関係の問題は諸国において盛んに唱えらるることと想わるる。今日の所は英国と濠洲とにこれを見るのみであるけれども、近き将来においては多分米国がこの制を採るに至るならんと考えられる。米国では一九一三年頃よりこのことはすでに政界の具体的問題となって居る。単に一片の理論としてならば、この説はすでに久しく欧洲諸国においても唱えられて居ったのである。

上下両院の衝突の解決法として英・濠両国の採る所の方法は同一でない。濠洲の方は飽くまで上下両院対等の原則を害《そこな》わずして解決法を立てて居るが、英国の方は上院の権限を

制限し強いてこれを下院の決定に服従せしむることによって、問題を解決せんとして居る。なお詳しく云えば、

一、一九〇〇年七月九日の濠洲聯邦憲法はその第五十七条において、上下両院の衝突を疏決するために二つの方法を設けて居る。

(甲)は両院を同時に解散して新議会をして改めて審議せしむる方法である。詳しくいえば、「下院ノ可決シタル法案ヲ上院ガ否決シ又ハ之ヲ可決セズ、若クハ上院ガ之ヲ修正シテ通過シタルニ下院其修正ニ同意セズ、且三ケ月ノ期間ヲ経タル後下院再ビ同法案ヲ可決シ（同一会期中タルト次期会期タルトヲ問ハズ又先キニ上院ノ加ヘタル修正ヲ共ニ可決セルト否トヲ問ハズ）而シテ上院再ビ之ヲ否決シ又ハ之ヲ可決セザル場合、若クハ上院ガ更ニ之ニ修正ヲ加ヘ下院之ニ同意セザル場合」には、下院議員の任期満了前六ケ月を除き、総督はいつにても「代議院ト元老院トヲ同時ニ解散スルヲ得」るのである（第五十七条第一項）。しかし新議会においてまた必ずしも両院の議相衝突せずと限らない。ここにおいて第二の方法が設けられた。

(乙)すなわち両院を合同して討議票決せしむる方法である。詳しくいえば、「前項ノ解散ノ後、下院ガ再ビ同法案ヲ可決シ（上院ノ加ヘタル修正ト共ニセルト否トニ論ナク）而シテ上院之ヲ否決シ又ハ之ヲ可決セザル場合、若クハ上院更ニ修正ヲ加ヘテ通過シ下

院之ニ同意セザル場合」には、総督は上下両院議員の合同集会を召集することが出来るのである（第五十七条第二項）。しかしてこの場合には「各議員ハ同会議ニ於テハ下院ノ最終ノ提出案並ニ一院之ニ加ヘテ他院ノ同意セザリシ修正条項ニ就テ討議票決スルモノトス。修正条項ニシテ上下両院議員全数ノ絶対多数ノ賛同ヲ得タル時ハ、之ヲ通過セルモノト見做《みな》ス。又提出法案（修正アルト否トヲ問ハズ）ニシテ同ジク上下両院議員全数ノ過半数ノ賛同ヲ得タル時ハ、之ヲ以テ議会両院ヲ適法ニ通過セルモノト見做シ」総督に提出して国王の裁可を求むべしとなって居る（第五十七条第三項）。こうなって居れば上下両院の衝突は結局において解決せられ、民選議院の意思は原則として最後に円満なる貫徹を見ることが出来るのである。次に、

二、非常な政界の大波瀾を捲き起し一九一一年八月十八日国王の裁可を得たる英国のいわゆる「議会法《パーリアメント・アクト》」は、一七一六年来の定則たりし下院議員の任期七年なりしを五年に改めたる外、上下両院の衝突の解決のため次の如き新原則を定めた。

(甲)財政的法案に付ては、「閉会ニ先《さきだ》ツコト少クモ一ヶ月前ニ下院ヨリ回付ヲ受ケタル場合ニ於テ、若シ上院ガ閉会以前ニ其儘（修正ヲ加ヘズシテ）之ヲ可決セザル時ハ、該案ハ直ニ（上院ノ協賛ヲ要セズシテ）国王ノ裁可ヲ経テ」法律となる。しかして財政的法案とは租税、国庫金の収入支出、及びこれに附随する事項に関する規定のみを包含す

る法案にして、その認定は下院議長の権限に在りとせられて居る。かくて少なくとも財政事項については、上院の権限は有名無実に帰せしめられて居る。

(乙)財政以外の事項に関する法案については、「下院ニ於テ各会期毎ニ之ヲ可決スルコト三度ニ及ビ、上院亦三度之ヲ否決シタル場合ニハ、第三度目ノ否決ノ後、国王ノ裁可ヲ経テ法律トナル。但シ三会期ハ必ズシモ同一国会ノ継続期間中タルコトヲ要セズ（総選挙によりて中断せらるるも妨げずとの意）ト雖モ、該案ノ最初ノ第二読会結了時ト其最終ノ第三読会結了時トハ少クトモ満二ケ年ニ亘ルヲ要ス」とある。これまた手続が多少複雑であるけれども、下院をして結局絶対的優勝の地位を占めしむるものたることは同一である。

以上英国の流儀と濠洲の流儀とを比較対照するに、第一に吾人は問題となる所のいわゆる両院の衝突は、「下院の同意せる提案に対して上院が賛成を拒める場合」に限り、上院の提案を下院の拒める場合は始めより全然不問に附して居る点の両者その符節を合して居ることに気が付くのである。さればいわゆる「両院衝突の解決」とは、独り上院の反対のためにその遂行を阻止せられたる下院の意思にその実現の機会を与えんとするものに外ならない。下院の反対を受けたる上院の意思に至っては、永久にその実現の機会を与えられないのである。第二に吾人は両者取る所の解決の方法の大いに異なるものあるに注意しなくてはならぬ。濠洲に在っては、解散によって上下両院に対し一様に反省を求め、なお議合わざる時は両院合同集会するというのであるから、表面上両者を対等に取扱って居る。もっとも事実上は、合同会議において数量的優勝を占むる下院の意思が結局最後の勝利を制することになるだろう。がしかし稀に上院の議員が下院の反対派と結托して下院の多数党を圧倒するということも全く絶無ではない。これに反して英国に在っては、財政事項は初めより全く上院の容喙《ようかい》を許さず、その他の事項についても三会期に亙りて同一の案を討論するという複雑なる手続を尽し、その間に事実上反省、凝議、運動するの余地を与うるの外、結局においては下院の意思に絶対の価値を認め、全然上院の制抑を排斥して居る。上下両院衝突の解決策としてこの両主義のいずれが得策なりやは、政治上大いに研究するを要する問題である。

英国主義と濠洲主義との利害得失の対比論はここにこれを精論するの遑《いとま》がない。ただこれに関連して疑いのない点は、英国においては、国民の政治的訓練行き届き、且つ天下の英才俊髦《しゅんぼう》はほとんど悉く下院に集って居る実状なるが故に、下院の決定に最終の権威を附与しても差したる不都合はないという点である。下院の決定を更に上院に附議するのは些か屋上屋を架するの嫌いないでもない。しかしかかる国情なるが故に英国は英国主義を行うに差支えないので、国情を同じうせざる他国の軽率にこれを模倣するはもとより宜しくない。この点から云えば、実際の案としては濠洲主義の方がむしろ無難であろうかと考える。

以上説く所によって観ても、憲政運用上西洋の諸先進国がいかに民選議院を重んずるかを知ることが出来る。これ畢竟憲政の本義は民本主義に在り、しかして民本主義の徹底的実現は、前に述べた各種の改革を前提として、結局下院をして政治的中心勢力たらしむるに在るからである。かくて諸国の識者はいかにかして下院に与うるに、制度上また事実上、上院や政府に対する優越的地位をもってせんとして非常に苦心して居るのである。今や我が国においては、責任内閣の意義、漸をもって明白となりつつあり。これ甚だ喜ぶべしといえども、民衆勢力の直接の代表たる下院の威望甚だ重からざるは、すこぶるこれを遺憾とせざるを得ない。これ蓋し一つには下院を構成する議員その人の識見品格未だ備わらざるが故である。制度の上でいかに下院を重んずべしと云っても、事実上凡庸薄徳の鈍物のみが集まるのでは、天下の威望は決してこれに帰せないのである。人才これに集まらざるが故に、上院に対しても勢威を欠き、政府を組織せんとするに当っても、少なくとも首相はこれを外部に求めねばならぬと云う不体裁を演ずる。人才集まらざれば勢力帰せず、勢力帰せざれば自ら有為の才を自家勢圏の外に逸する。かくては因果相廻りて責任内閣の制度は十分にその妙用を発揮することが出来ないのである。今日の有様ではいかに下院が威張っても駄目である。いかに下院を重んずべしとの説を叫んでも実際の勢力はこれに具《そなわ》るまい。この点において我々は一方には大いに議員諸士の自重奮励を求め、また天下の国民に向っては、選挙にその途を謬まらず、且つ自家選出の代議士を直接間接に鞭撻して怠らざらんことを切望せざるを得ない。もしそれ元老その他の高級政客に向っては、超然として高処し、徒らに下院を罵倒して民衆の代表的勢力を蔑視するの態度を執ることなく、彼らもまた国民として我々と同様に、国家のために下院をして重からしむる所以の途に協力せられんことを希望せざるを得ない。

民本主義・社会主義・過激主義

●『中央公論』大正八（一九一九）年六月号

政界の主力が最近特に著しく国民生活の安固充実をいかにして計るべきやの問題に集中され来ったことは言うまでもない。かかる現象が社会主義の興隆に促され、また同時に社会主義の流行を促して居ることも明白なる事実である。しかしてこの問題が資本的支配階級よりも叫ばるるが、しかし本当に真面目にこれを問題として居るのがプロリタリアートであることも疑いない。社会主義の起ったのも歴史的に見ればプロリタリアート発生の結果に外ならない。

ここに一言プロリタリアートの説明を附け加えておく必要がある。プロリタリアートとは子供の多い人と云う意味で、児女を持ってするの外、国家に捧ぐべき何物をも持たない貧民と云う意味である。して見れば本来の意味は貧民と云うに過ぎないのだけれども、今日言うプロリタリアートは単純なる貧民ではない。貧民と云う社会的に固定した階級を意味するのである。

貧乏人と金持はいかなる世の中にもあるが、しかし昔はこの両者は固定的社会階級ではない。貧乏人でも勉強すれば金持になれる。しかるに今日では一旦貧乏人の子と生れたものは、永久に金持ちになれない。いかに正直に骨身を砕いて勉強しても子々孫々貧乏人でなければならない。別に法律で定《きま》った訳ではないけれども、貧乏人の金持の階級に移り得ざるはあたかも平民が士族になり得ざると同様である。何故貧民がかく一階級として固定したかと言えば、云うまでもなく近代産業革命の結果である。昔の貧民問題は勤倹貯蓄を説けばある点まで解決が出来る。今日はいかに勤倹しても貯蓄の余裕が与えられないのだから、そこで社会組織の根柢に疑いが挟まれ、貧民階級もまた猛然としてかかる不都合なる社会組織に反抗の声を挙ぐるのである。

こういう所から国民生活の安固充実の問題は社会主義の主張と共に当初主としてプロリタリアートの問題であった。今でもややもすればかくなりやすい。

しかしながら吾々はこの問題をどこまでも国内のある特殊階級の問題としたくない。かくの如き社会組織をそのままに放任することが正しいか正しくないかは本質上国民全体の問題でなければならない。社会の現状はあるいは特に資本家階級に利益であろう。しかし正義の要求の何であるかを尋ね、これに合するように社会を改造すると云うことは国民の一人として、また資本家の問題でなければならない。これを階級の問題とするかあるいは社会全体の問題とするかは我々の議論の出発点である。

国民生活の安固充実をいかにして計るべきやの問題は畢竟《ひっきょう》いかにして「貧」を社会より絶滅すべきやの問題である。しかしてこの問題は実に大昔から常に政治家を悩ましたものである。古来の政治家は必ずこの問題に触れたのであるが、彼らはどこにその解決案を見出したかと云えばほとんど期せずして一種の共産主義を取って居る。希臘《ギリシア》の哲学者の説を見ても、支那の昔の経書を見ても、歴々としてこれを指摘することが出来る。もっともこの点を明白に主張したものは言うまでもなく英国のトーマス・モーアである。日本でも鼠小僧を義賊などと称して富者の財を盗んでこれを貧民に頒《わか》つことに一種の正義を認めたのも、突き詰めて見ればまた共産主義的思想に起因すると言わなければならない。ただこれらの昔の共産主義にはまだなんら科学上の根拠が与えられてない。漠然と何となくかく考えられたまでである。我輩はこれに素朴共産主義の名を与えて居る。

十九世紀になって、プロリタリアートの発生と共に貧困問題の解決が緊急を告ぐるや、これに関する科学的研究がにわかに盛んになった。かくして科学的根拠に立つ所の、あるいは立たんとする所の幾多の解決案が我々に提供されて居る。人を馬鹿にしたいわゆる温情主義もその一つである。社会改良主義もその一つである。しかして昔からあった共産的思想はまた新たなる合理的根拠に基礎づけられて、社会主義と云う名称をもって我々の前に顕れて来た。共産主義に科学的根拠を与えた最大の功労者がマルクスであることは言うを俟《ま》たない。彼は社会主義の名を嫌って――レーボーによって創唱されたソーシアリズムなる言葉は当時実は社会改良主義の謂《いい》であったから――共産主義の名称を固執したけれども、彼のいわゆる共産主義は今日社会主義の名をもって呼ばれ、したがって彼もまた社会主義中興の祖と言われて居る。

かくして社会主義の主張は共産主義である。その理想は社会の共産的改造である。しかしながらこの理想はいかにして実現することが出来るか。その実現のために彼らの執った最初の実行方法はプロパガンダであり、また小規模における試験的実行であった。しかしながらこんな迂遠《うえん》な方法では社会改造の大目的は到底達せらるるの見込みはない。ここにおいて彼らは遂にプロリタリアート執政を主張するに至った。今日社会主義が実際政界において著しき特色をなすのはこれがためである。故に今日社会主義を論ずる場合には共産主義と云う単純な理想のみを着眼することは出来ない。更にこれに加えて労働者執政と云うことを併せ考えなければならない。したがって実際問題としては共産主義を是認するからと言うて、総て社会主義者と云うことは出来ない。自ら社会主義者をもって居らざるものの間にも共産主義の是認者はある。この点について世上多く誤解するものあるが故に特に読者の注意を乞いたい。

社会主義がプロリタリアート執政をもって理想実現の最も捷径《しょうけい》の、否、唯一の方策と認むるに到ったについては近来民本主義の影響を度外視することは出来ない。プロパガンダや小規模の試験的実行では駄目だ、プロリタリアートが天下を取らなければ目的は達せられないと云うことは、つまり仏蘭西《フランス》革命後のデモクラシーの運動によって教えられたのである。こういう関係から最初社会主義の実際運動は民本主義の政治運動と相並んで進んで居ったのである。仏蘭西の二月革命の如きはこの両者の提携の最も著しい適例である。

ここに我輩は民本主義の主張に変遷のあったことを一言しなければならない。主観的に言えば民本主義の精神は仏蘭西革命以前から今日に至るまで一貫して同一の根柢に立ち、時勢と共にますますその真義を発揮してきたと言える。が、客観的に言えばその主張ならびにその実際運動の形式は時と共に変遷したと言わなければならない。この点から言えば彼らの最初の主張ならびに実際運動はブールジョアジーのアリストクラシーに対する反抗であった。後者の権力を前者に奪回することであった。ただしこの際ブールジョアジーは政権奪取の表面の口実を国民全体の名においてしたことは言うまでもない。ただその実際上の結果はどうなったかと言えばアリストクラシーの政権がブールジョアジーに移ったまでのことである。これでも一つの大いなる進歩には相違ない。けれどもこれだけでは民本主義の本来の要求を去ること甚だ遠い。そこで考えは一転して、更にこのブールジョアジーの権力政権をいかにしてプロリタリアートの手に移すべきやの問題になる。十九世紀中葉の民本主義はややもするとプロリタリアートのために働いた。しかしながら今日の民本主義は更にこの階級的偏見に立つべからざるを主張して居る。むろん国民の多数を占むるプロリタリアートがその優越の地位を占むべきはもちろんであるけれども、ただこれは各種の階級を包括する全体の有機的組織中における優越でなければならない。

これと同じような思想の変遷は、同じく社会主義その物の中にもこれを見ることが出来る。社会主義がその理想実現のほとんど唯一の手段としてプロリタリアート執政を唱えたことは前にも述べた通りである。しかして唯一の手段はややもすれば第二次の目的となる。実際的見地よりすればこの方が大事で根本の目的は往々忘れられることもある。そこで社会主義の実際運動は更に進んでいかにしてプロリタリアート執政を実現すべきやと云うことをやかましく論ずることになる。

この問題に関して今日の社会主義は二つの解答を与えて居る。したがってまた実行手段について今日の社会主義者は二派に分れて居ると云うことも出来る。一方の立場は立憲主義（パーラメンタリズム）で、他は革命主義（レヴォリューショニズム）である。

革命主義はプロリタリアートの絶対支配を主張するものであり、しかしてこれを実現するには資本的支配階級を全然撲滅せなければならぬとする。しかして今日の政治組織はこの階級の作る所、また拠《よ》って立つ所なるが故に現在の政治組織を是認しつつ自家の希望を達することは不可能でありとする点に革命的特色を示して居る。これに反して立憲主義は議会万能の根柢に立つ現在の立憲制の下においてプロリタリアートの希望を達することは不可能にあらずとする。何故なれば彼らは国民中の最大多数を占むるものであるからである。ただこれには普通選挙が布《し》かれて居ると云うことと労働者が結束して政党を作ると云う二つの条件が要《い》る。これらの条件を充たして議会に多数を制するまでの順序として資本家階級と喧嘩することも必要であろう。けれども彼らの資本家階級に対する態度は絶対撲滅にあらずして征服である。撲滅でも征服でも結果は同じことになろう。ただ同じ結果に到る過程において革命的手段を認むるや否や、事実上大いなる径庭《けいてい》がある。なおまたこの点の差から更に延《ひ》いて実際上両者の間にはなおいろいろの点において差別あることは今ここに委《くわ》しく述ぶる暇がない。

さてこの両主義の歴史上の関係を見るに従来の各国の社会党は、概して議論としてはいずれかと云えば革命主義的であった。けれども実際の行動の上から言えば立憲主義であった。何故なれば現に政党を作り、議会に議員を送ってとにかく資本家階級と国務の討議を共にして居ったからである。その癖毎年の年会において決議する所などによって見るといつでも立憲主義などとは相容れない議論を吐くのは常であった。しかして大体の傾向より言えば資本家撲滅主義より、資本家征服主義に移りつつあったので、この点は正に民本主義の変遷と相応ずるものである。

余輩はここに社会主義の実際的政治運動の変遷を示す一例として、独逸《ドイツ》の社会民主党のことを一言して置きたい。独逸の社会民主党は一八七五年に出来たと云われて居るが、しかし社会主義の政治組織はもっと古く一八六三年にある。これはもっぱら立憲主義に拠ったものであるが、これと相前後して革命主義の団体もあった。革命主義と立憲主義とは本来実際運動において提携し得ざるものであるけれども、資本的支配階級を共同の敵とするという点から、合併した方がよかろうというような説が勝を占めて結局合併が実現した。実際の運動は理論の要求通りには行かぬものである。ただこの際に注意せねばならぬのは、革命主義に最も忠実であった極端理想派はこの合併に加わらなかった。かくして社会主義者が皆一大政党を組織し、この政党の形で大いに活躍するという際に、いわば日蔭者になって実際社会の表面から取残された若干の少数者が有るということを看遁《みのが》してはならない。

これは独逸に限るのではないのである。

もともと理論上両立の難しい二派が合併したのであるから、その後社会党の間には何かと云えば両主義の反目抗論を見ることを免かれなかった。独逸の社会党にいわゆる正統派と修正派との二翼があり、仏蘭西の社会党に幹部派とサンジカリストとの二翼を生ぜるが如きは、すなわちこれがためである。英国の労働党中においても彼《か》の有名なケーア・ハルディの如きは絶えず幹部の妥協的態度を非難して熄《や》まなかった。要するにこれらの現象は、大体においては立憲主義で行動して居たけれども、革命主義の暗流もまた相当に強かったことを語るものである。しかして社会党内の最も過激なる革命主義者がかくの如き幹部の行動に慊《あきた》らず、党外の過激派と共に鬱勃《うつぼつ》たる不平を抱いて居ったことは言うまでもない。しかして彼らはかくの如き微温的妥協的態度が実に主義実現の最大障礙《しょうがい》なりとなし、禍いはむしろ敵にあらずして吾と主義を同じうすると称する者の中にありと唱え、かくてだんだん猛烈なる反感を社会主義の政党運動に抱くようになって居った。これがすなわち過激思想のよって起る所以《ゆえん》である。過激思想がただに資本家階級の最も横暴を逞《たくま》しうする所においてのみならず、社会主義の相当に勢力を振るう所においても起って居るのはこれがためである。

今度の戦争はいろいろの事情から多年鬱屈して居った過激派に、勃然として社会の表面に乗出すの機会を与えた。しかして各国に共通なる社会的欠陥はこの思想に蔓延《まんえん》の機会を与えて、今や過激思想は全世界を風靡《ふうび》せんとするの概がある。したがって今更のように世人はとやかくこれを批判するのであるが、しかし吾輩の見地からすれば、これは到底特別なる時勢の産んだ特別なる産物に過ぎない。

蓋《けだ》し彼らの立場はプロリタリアート執政の即時実現によってのみ彼らの希望は達せらるとするにある。したがって彼らは現在の政治組織に全然信用を置かない。この点において彼らの政治観には根本的の謬《あやま》りがある。

彼らは政治をいかに観て居るか。彼らは政治をもって資本的支配階級間の遊戯と観て居る。普通選挙がどうの、責任内閣がどうのと云った所が、畢竟それは昔の源平争奪のようなもので、プロリタリアートの利害休戚には何の係りもない。こんな政治によってプロリタリアートの利益幸福を図り得べしとするは根本的の謬りである。この謬りよりまず我々は醒めなければならぬ。我々は政治に頼ってはいけない、これが彼らの政治観である。なるほどこの考えは十九世紀前半の政治には当て嵌《は》まるだろう。また西洋よりも数十年遅れて居る我が国の政治的実際運動の外観上の形式には、この説の如きものがないではない。しかしながら現代の政治は余程変って居る。殊に徹底的民本主義を根軸として廻転して居るいわゆる現代政治は、決してある階級の遊戯ではない。にもかかわらず彼らは旧時代の政治観が先入主となって居るに加えて、最近までの社会党の妥協的態度に対する反感が手伝って、どうしても政治に対する極端な侮蔑と不信から脱却することが出来ない。しかしてこれらの説に感染《かぶ》れ、深く省慮する所なく、漫然と普通選挙や責任内閣論では国民的緊急問題が解決されないとか、あるいは政治的民主主義の時代は去って今や産業的民主主義の時代と成ったなどと説く者を、最近我が国の論壇に少なからず見るのは、我輩の私《ひそ》かに苦々しく思う所である。

されぱと云って我輩はいわゆる国民的緊急問題が、現代の政治組織を無視した革命的手段によって達せられないと即断せんとするものではない。いかなる方法に拠ることが最も適当であるかは自ら議論の岐《わか》るる所であろうが、ただ政治的民本主義の徹底によってこの目的の断じて達せられないという証拠はないと確信する者である。いわんや政治的民本主義の徹底は、国民生活の安固充実を図るという目的を達するための手段として意義あるのみならず、国民各自の政治的人格を確立するという積極的意義をそれ自身において有するにおいてをや。

現在の政治組織に対する不信侮蔑の声は、近来また過激思想とはまるで極端の反対の側

から も主張さるる。この点において好箇の代表者たるものは、四月下旬大阪毎日新聞に見えた田中萃一郎《すいいちろう》博士の「民主政治の限界」と題する論文である。これは英吉利《イギリス》のマロックの近著の紹介であるとのことであるが、予は田中博士の如くマロックをもって信用すべき学者と考えて居ないから、初めからこの書に深き注意を払わなかった。しかして田中博士の紹介する所によって見ると、彼の思想は国民生活の安固充実という近代政治の目的を本当に達し得るものは純然たる民主主義ないし民衆政治ではなくして寡頭政治であると云うにあるようだ。広く政権を国民に分配するということが政治的人格の確立というそれ自身の目的を有するという点を閑却したのは根本の謬りであるが、よしんば民衆政治をいわゆる近代政治の目的を達するための手段に外ならずと観るにしても、民衆政治を貶《けな》して寡頭政治を主張する議論の進め方は全然謬って居る。彼は曰《い》う、今日の民衆政治はこれを民主主義の政治と観るが謬りで、実は寡頭政治である。何故なれば少数の賢明なものが一定の計画を立て多数者をしてこれに賛同せしめて行くからである。少数者の指導という事実は純粋なる民衆政治と相容るるものではない。多数者が未熟な意見を述べてこれを少数者に強うるということは実際不可能である。すなわち純粋なる民衆政治の行われざる所以で、今日の政治は外観民主主義に近くしてその実、寡頭政治が行われて居るのであると云うのである。かくして彼は今日の民衆政治を実は寡頭政治なりと観る点において、更に本当の寡頭政治を讃美するが如き論調を勧める点において、二重の謬りを重ねて居る。少数者の指導は今日の民衆政治において何の障《さまた》げがない、否、少数者と多数者と精神的の聯絡ある点において民本主義が文化発展の上に微妙なる意義を有することは、今日デモクラシーを論ずる者の何人《なんぴと》も認むる所である。いわゆる寡頭政治は多数と少数との精神的聯絡を欠く少数政治を言うのであって、その排斥すべきはまた深く説くの必要はない。人間が単純に理知によってのみ、行動するものならば、賢明なる少数者の政治が一番理想的のものであり得ることもあろう。しかしながら人類活動の源泉は理知よりもむしろ本能である。本能はもとより理知によって純化さるるものではあるけれども、しかしながら国民全体の利福を図るべき公人としての活動を過らざらしむるためには、彼が本能的に多数者の代表として活動するような地位に置くことが必要である。要するにマロックの説は多数者と少数者との精神的交互関係を無視し、もって現在の政治組織に不信反感を表示する点において、過激主義とその行き方を同じうするものである。

現今我々の主張する民本主義は右のような次第で極端の急進派と保守的反動派との双方から攻撃されて居る。マロックなどは理義の観察を謬って民本主義を難じたものであるけれども、保守的思想家の間にはことさらに同じような見地から議会に対する不信の念を拡布せんとする者もある。しかして前にも述べたように実際社会は理窟通りには行かぬもので、この両極端の連中は時として同じく民本主義を敵とする点において相結ぶことがある。我が国でも高畠素之君の一派が堀内、佐藤両中将等と提携したという心理的基礎は、こんな所にあるのではないかと思わるる。要するに民本主義ないし政治その物に対する非難の声は相当に高い。殊に過激思想の勃興に動かされて、政治問題を飛越えて経済問題に突進すべしとの俗論が横行するけれども、我々は断じてこの説に迷わされてはならない。真理はそのいずれの側にもないことを確信して疑わざる者である。

民本主義の過激主義と相容れざるは前述の通りであるが、社会主義とは如何と云うに、少なくとも共に立憲主義を根拠にもつ点においては両立し得る。しかして社会主義はその理想実現の手段として普通選挙を主張するが、この点も民本主義と両立する。ただし民本主義は普通選挙の施行ならびに政権の普及に伴うその他の種々の政治的形式の整頓をある目的の手段と見ず、それ自身の目的とする点において社会主義と異なる。しかして民本主義は単に政治的形式の整頓——予輩はこれを民本主義の純政治的要求と名付けて居る——のみならず、国民生活の実質の整頓に関する要求——予輩はこれを民本主義の社会的要求と名付けて居る——をも掲げて居る。これ予輩が常に民本主義の主張には二種の内容を有すと云う所以である。しかして国民生活の実質に関する方面では、主として精神生活に関するものと、主として物質生活に関するものとの二種あるが、その一方の要求に応ずるものがすなわち広義の文化政策――言論の自由とか、信教の自由とか、または教育制度をいかにすべきかの如き――であり、他方の要求に応ずるものが広義の社会政策である。しかしてこの広義の社会政策の方面において、人によってあるいはいわゆる社会改良主義でいいと云う人もあろうし、または共産主義的社会改良まで行かなければならぬと云う人もあろう。この点においていわゆる社会主義は民本主義の政治的勢力において、広義の社会政策の項目の中に当然の地位を占むるものである。

かくの如く民本主義者は必ず社会主義者であるとは限らないが、しかし社会主義者であっても妨げはない。けれども断じて過激主義者たることを得ざるものである。

しからばここに問題となるのは同じく社会問題の解決に熱中する者で、何故に一方は社会主義者となり、他方は過激主義者となって両立せざる両極端に立つか。その根本は畢竟プロリタリアートの相手方たる資本家を自家の同類と見るか否かに帰着する。資本家という者は全然労働者に同情のない者、いかに説いても訓《おし》えても、公益のために私益を犠牲にするを肯《がえ》んぜざる者と見る以上は、これを撲滅する外にプロリタリアートの執政を実現するの途はない、けれどももし従来の資本家がいかに貪欲であったとは云え、彼らも我々と同じ人類である。彼らと我らとの間にはどこかに血脈相通ずる物があって、説き且つ訓《おし》うればいつかは解る時があるだろうという精神主義の確信を有する者に取っては、どうしても相手方の撲滅という過激手段には出で得ない。つまり人間は全然その物質的境遇の支配を受くるものとする唯物的人生観を取るか否かの最初の出発点の相違が遂に両者の間に千里の差を生ずる所以である。しかして我々がどうしても過激主義に賛同し得ざる所以もまた実にここに存する。

されぱとて従来の資本家階級の頑冥《がんめい》なる態度、彼らがほとんど救うべからざる程度に階級的利益の擁護に齷齪《あくせく》して居った事実は、我々の過激主義者と共にこれを認めない訳には行かない。過激主義も畢竟そのために起ったのではないか。故に我々は過激主義に反対すればとて、彼らの指摘した社会的欠陥その物に眼を蔽《おお》うものではない。ましてその欠陥を一刻も早く取去るの必要を強いて認めざらんとする者では毛頭ない。しかしながら我々はいかに相手方が極端に頑冥だからと云って、我々の態度もまた不当に極端になるを寛仮《かんか》してはならない。「百里を行く者は九十九里をもって半《なかば》とす」と云ったのは封建時代に無智の愚民を動かすための標語である。我々は百里の半分はどこまでも五十里であるという明白なる計算の上に自ら止まる所を知らなければならない。止まる所を知る者にして初めてその進むべき途に本当の勇気を出し得る。

これを要するに昨今世界を風靡するの概ある過激主義は、社会進化の当然の順序として起ったものでなくして、一時の反動的産物である。例を露西亜《ロシア》に取って観ても、我々は露西亜の社会的欠陥の産んだ天才として、一方の極端に立つレーニンの外に、他方の極にトルストイあることを忘れてはならない。露西亜において永久の生命を握る者はトルストイかレーニンかは、少しく現代の文化史に精密なる考察を加えた者の容易に判断し得る所であろう。

帷幄上奏論

●『二重政府と帷幄上奏』大正十一（一九二二）年九月、文化生活研究会出版部刊、所収
『東京朝日新聞』二月十三日～十九日掲載「所謂帷幄上奏に就て」を改稿改題。
原注と原注に含まれる論文三本は割愛した。

（一）序　論

二月七日（大正十一年）の衆議院本会議には、それぞれ三大党を代表する領袖《りょうしゅう》諸氏の軍備縮小に関する演説があるというので、僕なども非常に緊張した気分でその報道を待って居た。翌日の新聞で見ると、大岡、犬養、下岡三氏の立場は、その根本においてかなりの隔たりがあるようだが、少なくとも次の諸点において一致して居ることは、大いに吾人の意を強うせしむるものであった。何となれば、これによって僕は、軍備縮小——ことに陸軍の——急務ということは、ともかくも党派を超越した国民的輿論となったことを明白に見せ付けられたからである。

一、戦後世界の形勢の変化に伴い、ことに東洋における現勢に鑑み、我が国は最早従前有して居ただけの兵力を維持するの必要はあるまいと云うこと。

二、仮りに一歩を譲り、兵力の減縮を急に許すべからずとするも、これをもっと経済的に維持するよう大いに整理するの余地あるべしと云うこと。

三、以上の観点をしばらく離れて考うるも、今日我が国の軍備は、一つは経費の膨大を極むることにおいて、また一つは多数の壮丁を生産事業より奪うことによって、余りに過大な負担を国民に課して居るということ。

四、これにもかかわらずこれを今日のままに放任するは、他の文化的諸施設の整備を妨ぐるのみならず、世界より軍国主義の汚名を蒙らしめらるる嫌いありと云うこと。

しかしこの日の会議で吾人の頭に最も強く響いたものは、むしろ大岡育造氏の帷幄上《いあくじょう》奏《そう》論である。軍備縮小の要求を徹底的に貫こうとすれば、帷幄上奏の問題に触れ、延《ひ》いて軍閥の攻撃にまで這入《はい》らねばならぬのは当然の話だが、あの場合しかも与党の領袖の口からこれを聞こうとは、実は吾人の全く夢想せざる所であった。ただし大岡氏の帷幄上奏論は、いかなる論理的連絡ありてその軍縮提唱にくっ附けられたのかいささか不明のようでもあり、また木に竹ついだような感がないでもない。が、帷幄上奏と云うことは多年我が国政界の重大難問であっただけ、この際大岡氏が公然これを難ぜられたことは、必ずや大いなる波紋を政界に捲《ま》き起さずしては已《や》むまい。僕らもこれを好機として世人が大いにこの問題を論ずるがいいと考えている。まず手始めに僕が一つここにこれに関する一家言を述べて大方の教えを乞おうと思う。

もっともこの問題を十分に論じ尽すにはかなり長い紙数を要する。今僕自身にこれをためすだけの余裕はない。よって今はただ僕の考えの大綱だけを極めて簡単に書き並べて行くに止める。いずれにもせよ、事柄は極めて重大な問題だ。これをきっかけに世上の各方面よりまたこれに関する変った意見を承らんことは、僕の切望して熄《や》まざる所である。

(二) 大岡育造氏の演説

まず大岡氏の言分から吟味して見よう。新聞を見るとこうある。

憲政治下ニ帷幄上奏ナルモノアリ。総理大臣モ之ニ与ル事ヲ許サス。行政内閣ノ外ニ帷幄アリ。随意ニ国庫負担ヲモ増加シテ憚ラザル如キ、列強ヲシテ我国ノ平和主義ヲ疑ハシムルモノデアル。

さてこれは明白に軍閥に対する挑戦である。軍閥に対する挑戦は、またとりも直さず陸海軍大臣に対する一種の弾劾を意味するので、与党の領袖たる大岡氏の口よりこれを聞いたのは、皆人の意外とする所であった。したがって世上では、あるいはこれをもって政府部内の不統一を暴露するものと解するあり、あるいは政友会が軍閥に対する挑戦によって兼ての不名誉を挽回せんとの魂胆に出ずると観るものもあったが、とにかく、政府としては自ら好んでとんでもない難問題を出した形になる。果せるかな政府は翌日直ちに一種取消の声明を発表せしめた。曰く、あれは大岡氏の一家言で政府も政友会も与《あずか》り知らないと。かくして政府は、大岡氏のいわゆる一家言によりてあるいは生ずべき紛糾より形式上安全なるを得るかも知れぬが、一度石を投ぜられた波紋はこのまま直ちに熄むべくもない。いわんやかくの如きは大岡氏の如き人から聞けばこそ意外とも感ずれ、一般国民としてはすでに多年強く懐《いだ》いて居った所なるにおいてをや。

帷幄上奏に対する非難は、政府は知らぬと云っても、大岡氏の一家言としては残って居る。よしまたこれが大岡氏自身に取消さるることありとしても、今となっては国民の一大疑問として提議された形になってしまった。国民は多年帷幄上奏をもっていわゆる二重政府なる日本独得の政治的疾患の根源となし、これによって専横を恣《ほしいまま》にする軍閥の跋扈《ばっこ》を憎んで居った。現に今大岡氏のこの難詰を見て皆我が意を得たりとし、一人としてこれを不当の質問と観るものは無いではないか。故に僕らは、帷幄上奏ということをもって、これからは大岡氏を離れた一つの国民的問題として取扱って行きたいと思う。

(三) 帷幄上奏とは何ぞや

国民的問題として帷幄上奏ということの意味をあらためて考えて見る。我々は帷幄上奏という文字の中にどれだけの内容を考えて居るのか。また我々はいかなる理由でこれを非とするのか。

我々国民は大岡氏に教えられるまでもなく今日自ら立憲政治の下に在ると信じて居る。立憲政治の理想から我が国の政体を観れば、君民一体でなければならない。君主の国君としてのすべての活動は、人民一般に能《よ》く分って居なければならないと云う立場から、普通選挙の要求があると同じく、国君の活動にして人民の眼界に入らぬものがあってはならぬという立場から、政府を組織する国務大臣の輔弼《ほひつ》ということが大事になる。政府は議会に対して責任を負い、人民はすなわち議会を通して間接に政府各大臣の一切の行動を質問討論の対象とし得るから、国君の一切の活動が大臣の輔弼による限り、国君と人民との政治的関係が完全に協合し得るのである。故にこの趣意を制度上完成するためには、一方に普通選挙制の確立が必要であると同時に、他方に政府各大臣の輔弼によらざる国君の活動なるものがあってはならない。これが現代憲政の諸原則の中最も大切な、最も根本的なものとなって居るのである。

しかるに我が国の制度を見るに、この主要なる原則が不思議に認められて居ない。なるほど憲法第五十五条には

国務各大臣ハ天皇ヲ輔弼シ其ノ責ニ任ズ

とあって、大臣は個々独立に輔弼の任を尽し得ることになって居る。しかのみならず憲法

附属の各法令の綜合的帰決としては、国務各大臣は集りて合議体を為し、連帯して輔弼の責めを竭《つく》すべきものと認められて居る。これは憲法政治に在っては当り前の話だ。しかるに独り軍事に関してはこの通則が認められてない。すなわち陸海軍大臣は内閣において一種特別の地位を保ち、参謀本部海軍軍令部と相連って軍事に関する専門機関を形作り、全く内閣の牽制の外に在るのである。国防用兵のことは国務大臣としての陸海軍大臣の輔弼を経たといえば、それで憲法上の要件は具備したわけだが、輔弼は各大臣の連帯責任とし、一般政府の権限に包含せねばならぬという政治的要求からすれば、すなわち軍事はいわゆる政府各大臣の輔弼の外に在るといってもいい訳になる。換言すれば、輔弼によらざる国権の活動があるという形になる。輔弼によらざるものあるが故に、人民が制度の上で凡《すべ》ての政治的行動に与ることが出来ない訳になる。政府の輔弼以外に別個の国権発動の源泉を認むることになるから、いわゆる二重政府の非難も起るのである。しかしてこういうことが実に制度上公然許されて居るのだから堪《たま》らない。我々は多年これを改めたいと考えて居た。帷幄上奏の非難は畢竟《ひっきょう》かかる変態的制度をやめ、一切の国務を政府の輔弼範囲に包容し、もって国権の統一的活動を期せんとの要求に外ならぬのである。

大岡氏の発言は、右のような形に直して、ここにあらためて国民全体の質問とし、政府ならびに軍事官憲の答弁を促したいと思うのである。

（四）国務大臣の輔弼と参謀本部及び海軍軍令部との権限衝突

大岡氏の発言に対し、政府は卑怯にも責任逃れの取消声明をしたから、この上追及しまい。この際当局の弁明として注目すべきは、むしろ軍事当局側のそれである。もっともあの当時の山梨陸相の弁明は、不用意の発言に狼狽したためでもあろうが、まるでなって居ない。翌日になってから諸新聞を通じて次のような釈明を発表せしめて居る。参謀総長などの帷幄上奏する事実はあるが、しかしそのことの執行は陸軍大臣が別に上奏裁可を経てやるのだから、国務大臣としての輔弼の範囲は侵すものでないというのである。ここに当局は参謀本部のことだけを云って居るが、しかしこれに限るのではない。外に同じような地位に在るものに海軍軍令部がある。そこで参謀本部及び海軍軍令部と陸海軍大臣との関係如何という問題が起る。前両者は軍事当局の声明の如く果して国務大臣としての陸海軍大臣の輔弼の権限と衝突することなきものだろうか。

僕はここに読者に向って参謀本部条例と海軍軍令部条例との次の個条を一覧せられんことを希望する。

（甲）参謀本部条例（明治四十一年十二月十九日軍令陸第十九号）

第一条　参謀本部ハ国防及用兵ノ事ヲ掌ル所トス

第二条　参謀総長ハ陸軍大将若ハ陸軍中将ヲ以テ親補シ天皇ニ直隷シ帷幄ノ軍務ニ参画シ
　国防及用兵ニ関スル計画ヲ掌リ参謀本部ヲ統轄ス

(乙)海軍軍令部条例(明治三十六年十二月二十八日勅令第三百九十号明治三十八年改正)

第一条　海軍軍令部ハ国防用兵ニ関スル事ヲ掌ル所トス

第二条　海軍軍令部ニ部長ヲ置ク
　海軍軍令部長ハ
　天皇ニ直隷シ帷幄ノ機務ニ参シ又海軍軍令部ノ部務ヲ統理ス
　海軍軍令部長ハ親補トス

第三条　海軍軍令部ハ国防用兵ニ関スル事ヲ参画シ親裁ノ後之ヲ海軍大臣ニ移ス

見るべし、この両者は天皇に直隷し、すなわち全然内閣の外に在って、帷幄の枢機に参し、「国防及び用兵に関することを計画」するものであることを。見るべし、この両者は国防及び用兵に関する最終決定機関であり、また最高発令機関であることを。この点においてこの両者は全く元帥府や軍事参議院とその性質を異にするものである。

事実上の重みから云ったら、元帥府や軍事参議院の方が遥かに参謀本部や海軍軍令部よりも優勢であろう。しかし制度の上から云えば、前二者は純然たる軍務最高の顧問府であって、その枢密院の如きものである。もっとも国務大臣の輔弼の外に枢密院の如きを設くる必要はあるまいというと同じ意味において、僕は元帥府と軍事参議院とをも無用の長物と思うし、ことに同じ性質のものを二つ拵《こしら》えたなどは、いわゆる屋上架屋の愚に相違ないと信ずるけれども、しかし制度としてはどこまでも諮詢《しじゅん》機関であるから、国務大臣の輔弼ということとは両立する。参謀本部と海軍軍令部となるとそうは往かない。

実際の慣行をいえば、国防及び用兵のことは全然参謀本部と海軍軍令部との専擅《せんせん》に属し、陸海軍大臣はいちいちその成を仰ぐに止まると聞いて居る。しかし理論上陸海軍大臣は国務大臣としての輔弼の責任を楯に取って、参謀本部や海軍軍令部に対し、その異見を主張し得ないことはない。こんなことをやったものもなし、また事実やれぬようになって居るのだけれども、理窟の上ではやり得るのである。それにしても、どの道彼らはその主張をもって参謀本部や海軍軍令部を強制することは出来ないのである。して見れば、やはりそれだけ、国務大臣の輔弼の範囲は、これによりて侵されて居るというべきではあるまいか。

(五)　この点に関する在来の憲法論の説明ならびにその批評

参謀本部と海軍軍令部とは、制度の上ですでに明白に国務大臣の輔弼の責任と衝突する。これが立憲の本義に悖《もと》ることは言うまでもない。しかしながらこれを憲法違反といえるかといえば、この点は少しく他の観点を交えて考えて観る必要がある。

凡そなんらの問題によらず、これを憲法論として取扱う時には、理論上憲法に合するやの点と、従来の取扱上憲法の通義として認めて居る理論に合するやの点とを区別せなければならぬ。すなわち合法か否かの標準とすべきものに、「純粋の理論（主観的な）」と「承認せられたる理論（客観的な）」とを区別するを要すると思うのである。しかして僕の抱持する憲法の理論は、前述べた所でも大体明瞭だと思うが、この自分の立場より論ずれば、参謀本部と海軍軍令部とは明らかに違憲の制度だと断ぜざるを得ない。その性質を変じて顧問府とするか、または職務の実質はあのままとして改めて陸海軍大臣の指揮命令の下に働くものと変ぜざる限り、違憲たるの譏《そし》りを免るることは出来ぬと確信する。しかるに従来世上――ことに政府の解釈――では、これを違憲にあらずと認めて来た。違憲でないという理論的確信に基くのか、または強いて違憲でないと説明するのある必要に迫られたのか、いずれにしても憲法に関する従来の通説は、世界に類なき一種独得の理論を執て這般《しゃはん》の関係を説明し来ったのである。

しからば在来の通説というのはどう云うのかというに、これを理解するためには、まず憲法第十一条のいわゆる「陸海軍ヲ統帥スル」ことと、第十二条のいわゆる「陸海軍ノ編制及常備兵額ヲ定ム」ることとを区別して考えねばならぬ。我が国憲法学者の権威美濃部博士の用語に従えば、軍令権と軍政権とこれである。これを併せて軍事大権といってもいいが、この二権の施行に就いて政府及び学界の通説がどうなって居るかが、今僕の問題として居る所なのである。

今日政府の実際の取扱によれば、前記二権の施行は帷幄上奏によって決められ、内閣は全然これに与って居らぬ。このことは三月十二日（大正十一年）貴族院予算委員総会における馬場法制局長官の言明の中にもある（この点は後にも説く）。すなわち軍事大権は一切国務大臣の輔弼の外に在るものとされて居るのである。しかして政府の執るこの憲法上の解釈を裏書きする学者に上杉慎吉博士がある。外にもあろうが同博士の与うる次の説明の如きは最も代表的なものといっていいだろう。

……国務大臣の輔弼する事項の範囲は各省大臣として施行する事項の範囲と一致しなければならぬことは明かである。……しかるに主権の奉行は悉く各省大臣の管掌する所ではないのである。司法権は別として、その主たるものを挙ぐれば皇室典範の系統に属し宮内大臣の主として管掌する事項、陸海軍の統帥及軍の編制及常備兵額を定むるに関する事項、栄典の授与、会計検査、行政訴訟、枢密院の内部の事務、貴族院衆議院の内部の事務、朝鮮総督の管掌する事務等は、各省大臣の管掌の外に在るのである、したがって国務大臣の輔弼の範囲に属せず、その責に任ずるの範囲に在らざる事項である。（『憲法述義』大正十年版、六一九―六二〇頁）

しかしこういう解釈は政府部内でも異論あるものと見え、先にも挙げた法制局長官馬場鍈一博士は、三月十二日貴族院予算委員総会において江木翼《たすく》氏の質問に対し次の如く答えて居る。

憲法ノ解釈トシテハ、軍ノ編成及ビ常備兵額ヲ定ムルニ就テハ、大臣ノ輔弼ヲ必要ト認メテ居ル。然ルニ実際ハ内閣ハ之ニ与カツテ居ラヌ。自分ナドハ憲法義解ノ解釈ヲ可ト思ツテ居ルガ、将来之ヲ如何ニスルカトイフコトハ重大ナル問題ト思フ。

法制局長官は、政府部内における法規解釈の最高権威である。この人の口から、公然現在の取扱の非理を聞くのは、時節柄大いに注目すべきことであろう。しかして現在の取扱が法制局長官の解釈とは反対に行われて居ると云う所に、僕は軍閥跋扈の事実の存在を想像し、これと同時に、同長官の口吻《こうふん》により、政府には適当の機会にこれを改むるの意思あることをも推測することが出来るように思う。

しからば馬場長官のいわゆる『憲法義解』の解釈とはいかなるものかと云うに、軍令権だけを帷幄の大令に属するものと認め、軍政権は大臣の輔弼を要する事項とするのである。『憲法義解』によるに、第十一条の釈義の中には

本条ハ兵馬ノ統一ハ至尊ノ大権ニ属シテ専ラ帷幄ノ大令ニ属スルコトヲ示スモノナリ……

とあり、また第十二条のそれの中には

此レ固ヨリ責任大臣ノ輔翼ニ依ル……

とある。すなわち軍令権と軍政権とを分ち、その一を帷幄上奏の範囲とし、他を大臣輔弼の範囲とするのが、憲法制定者たる故伊藤公の解釈であり、また実際の取扱を離れた政府部内の公権的解釈でもあるのである。

この立場は学界においても有力なる学者より裏書きされて居るようだ。この好個の代表者として僕は美濃部達吉博士を挙ぐることが出来る。同博士の名著『憲法講話』の中からこの点に関する説明を引用して見よう。

……軍令権と軍政権とは何《いず》れも軍事上の大権でありますが、両者の間には性質上極めて重要なる差異があります。軍令権といふのは軍隊の統帥権をいふのであつて、是は天皇が陸海軍の大元帥として親しく統括したまふ所であります。憲法第十一条には「天皇ハ陸海軍ヲ統帥ス」とあるのは即ち此の軍令権を謂ふのであります。軍令権の作用は一般国防上の作用とは区別せられて居つて、一般の国防に付ては総て国務大臣が之を輔弼し其の責に任ずるのでありますが、独り軍令権即ち軍隊統帥の作用に付ては、天皇が軍の大元帥たる御地位に於て行はせられるのであつて、国務大臣の輔弼の外に在り、国務大臣は之に付て其の責に任じないのであります。軍令権に付ての輔弼機関は別に元帥府及び軍事参議院が有り、天皇の下に於ける中央軍令機関としては、陸軍には参謀本部、海軍には海軍軍令部があります。軍政権と云ふのは軍隊其の者の行動を指揮し統帥するの権を謂ふのではなく、軍備を維持するが為に臣民に向つて命令を為し国費を支出する等の権を謂ふのであつて、之に付ては一般の行政作用と同じく国務大臣の輔弼を要しますし、其の費用に付ては一般の歳入出の予算と同様に議会の議決を経なければならぬのであります。唯之に付ても憲法第十二条には「天皇ハ陸海軍ノ編制及常備兵額ヲ定ム」と有つて、即ち是等のことを定むるには法律を必要とせず勅令を以て定むることが出来るのであります。(『憲法講話』大正七年、縮刷版八一—八二頁)

さて上述二種の見解をならべて見るに、(一)第一の立場を取れば、現今の帷幄上奏は毫末《ごうまつ》も憲法違反ではない。すなわち違憲を理由としてこれを責むることは出来ぬ。(二)第二の立場を取ると、軍令権については立派に帷幄上奏を認めて居るのだから、事実上帷幄上奏が軍令権以外に亙らざる限り、やはり憲法違反の問題は起らぬ。ただ事実は如何といえば、ずいぶん軍令権以外にも喰い入って居るようであるし、また制度の上から云っても、参謀本部や海軍軍令部などの職権の範囲は軍政権に亙る所あるようにも見えるから、多少違憲を論ずるの余地はないでもない。けれども、どの道帷幄上奏そのものは双方ともこれを認めて居るのだから、帷幄上奏は憲法違反だと無条件に言ったのでは、この立場に居る者を納得せしむることは出来ないのである。

こういう憲法論が相当に通用して居る我が国のことだから、僕らは、この種の問題をば憲法論という形では取扱いたくないと常々考えているのである。僕らの確信する憲法論を持ち出せば、それはお前らの一家言だと一喝されるばかりだからである。

しかし道理に二つはない。冷静に考えて見て、国防用兵のことはもちろんのこと、統帥のことだからとて、これを普通の政務から離すというは、国権の統一的運用を著しく妨ぐるものたるや疑いない。戦時は格別、平時に在っては、凡ての国権は必ず同一の源泉から発動すべきは言を待たない所ではないか。

憲法ならびに附属諸法規を一切国家の有効な命令として、その間から現在の慣行を矛盾なく説明し得べき理論を抽出するというのなら、僕といえども上杉博士の説の如く、政府在来の取扱を大体承認したかも知れない。しかし僕の問題は、憲法の正条ならびにその精神から観て、現在の慣行ならびに附属諸法規の合理性を憚る所なく吟味するに在る。その立場から云えば、僕は軍令権を輔弼の範囲外に駆逐したのは何の理由によるのか、解するに苦しむを断言せざるを得ない。いわんやこれと合せて軍政権をも大臣の輔弼の外に置くの暴論においてをや。

もっとも、軍の統帥を普通の政務と殊別する思想については、多少その歴史的因縁を推察せられ得ないではない。そは昔から兵馬の大権は上御一人に在りと特別に言い触らして来たからである。昔は兵馬のことが最も大事な政務であって、これを紛更するはすなわち国の乱るる基とされてあった。したがって特にこれを君主親裁の事項と宣明するに相当の理由ありというべきだ。しかし今日では独り統帥権ばかりではない。凡ての国権を皆上御一人に統一することにした。この意味において、今や統帥権の君主の大権たる所以は、他の司法権や立法権や、はた栄典授与の権や条約締結権等と何のかわりはないことになった。しかして現代の国務の複雑多端なる到底事実上御一人のよく専裁し給う所ではない。そこで今日ではすべてのことが大臣の輔弼を必要とするということになったのだが、この点は統帥権だって同一である。人は能く統帥権の親裁大権たるを理由として、大臣輔弼の範囲内に置くべからずと云うも、現にこれは元帥府なり参謀本部なり海軍軍令部なりの輔翼に待って居るではないか。厳に他の輔翼を介入せしむべからずといわば、まずこれらの機関を廃さなければ理窟が通らない。故に今のままで統帥権に大臣輔弼を認めずと云うのは、つまり文官たる大臣の輔翼を忌避するということに外ならぬ。名義は君主の親裁事項だから大臣に相談せぬというのだけれども、事実は大臣を斥《しりぞ》けて別に専門の軍人を相談の相手にするというに外ならぬのである。かくして国務に関する輔翼機関に互いに独立する二つのものの対立を見るという結果になる。こういうのが一体国家のためにいいかどうか。少なくとも憲法の精神に合するものかどうか。これが僕の読者に訴えんとする疑問なのである。

なおこの点をよく了解するには、輔弼による君主の意思決定と、輔弼の結果たる君主親裁の直接活動とを区別せなければならぬ。輔弼の結果たる君主の意思決定が実際に行わるる形式には二様ある。司法権の如く特別の機関を通して行わるるものと、君主直接にこれを行うものとこれである。統帥権の行使はすなわちこの後者に属するものだ。しかしてそのここに至るまでには――すなわち君主の意思決定に至るまでには、統帥権に限らず、凡ての国務に亙って必ず大臣の輔弼あるべきは憲法の要求である。またその精神からみてもとより当然明白のことでもある。この点において軍の統帥についてのみ特に例外を為すべき必要と理由とは絶対にないのである。議会開院式の詔書をみずから御読みになるとか、外国使臣に謁を賜うとかを他に代らしむべからずと云うと同じ意味において、軍の統帥は君主の親裁し給う所たるべきは言うまでもない。けれどもいかにして軍を統帥するかの方式に関し予め定むべき程のことが、必ず大臣の輔翼を要すべきは、これまた開院式の詔書の起草に大臣が与り、外臣の賜謁に大臣が陪すると同じことである。ある事実上の行動が君主みずからし給うを要すると云う趣旨を拡充して、これに関連する一切の事項を挙げて大臣の輔翼外に置くべしとするのは、ことさらに大臣を忌避するの魂胆に出ずるものにあらざれば、前述二者の区別を弁えざるより来る大いなる誤解でなければならない。いわんや大臣を斥くることの事実上の結果は、大臣以外に別個の輔翼機関を設くることになるをや。かくの如きは何の実益なきのみならず、むしろ国務の統一を破るという大いなる弊害を馴致するに過ぎぬ。故に僕は敢て断言する。大臣輔弼の外別に帷幄上奏を認むるは、決して憲法の精神ではないと。

(六) 違憲の糾弾と帷幄上奏の弊

帷幄上奏ということはどうも不都合の制度のようだ、何とかしてこれを改めたいが、これについては相当の理由を立てねばならぬ。そこで多くの人は違憲という論法で挑戦しようとしたのであるが、この武器では勝算すこぶる覚束ないこと前段にも述べた通りである。そは実際問題としてこれを争うには、まず通説を標準にしなければならぬからである。しかのみならず僕達の考うる所では、よし違憲論で勝ったとしても、帷幄上奏の制度で現に吾々の苦しんで居る疾患は決して完全に取り去らるるを得ないものであると思う。

そは何故かと云うに、憲法上の問題として強いて争い得る所は、参謀本部及び海軍軍令部の権限が国務大臣輔弼の責任と相衝突すると云う点に過ぎない。仮に前二者が廃されたとするか、または陸海軍大臣の命を受けて国防用兵のことを掌《つかさど》る下級機関と改められたとする。そうすると憲法論として疑問となった点は全く除去せらるるが、実際の結果から云うと、例えば陸海軍大臣は武官に限ると云う現制の存する限り、軍閥が軍事上の権限を一手に壟断《ろうだん》して総理大臣以下の文官に与り知らしめないと云う不都合は、依然としてやはり残るのである。

そこで実際上吾々の問題とすべきは何の点かと云うに、文官と軍閥と対立して国務の執行を両分すると云う点にあるので、軍閥内における参謀本部海軍軍令部対陸海軍大臣の権限の衝突ということに在るのではない。しかして後者はなるほど憲法上の疑義たり得るも、前者は憲法上立派に許されて居る所なのである。故に曰う。違憲論では帷幄上奏の弊は断じて救治することは出来ぬと。

（七）帷幄上奏は違憲にあらざるの故をもって支持し得らるべきものなりや

そうするとこういう疑問を発する者があるかも知れぬ。「憲法の規定に抵触せないならそれでいいではないか」と。しかし法律の規定に触れさえしなければ、何をやってもいいと云う思想ほど、社会に迷惑をかけるものはない。

詐欺や泥棒をするような者でも、「巧みに法網をくぐり」て全きを得る例は幾らもある。法律に抵触さえしなければいいとすれば、時として詐欺や泥棒をも大目に見ねばならぬ結果となる。法律よりも社会の安全国家の発達の方が大事だ。社会国家あっての法律である。法律は社会国家の目的に従って適当に解釈され適当に利用さるべきものである。そこで

「法律の精神から観てどうなる」と云う標準が大事になる。憲法政治の下において最もこの顧慮が必要である。いわゆる憲政の運用とは畢竟これをいうに外ならない。

日本の役人などの間には、とかく法律の規定に抵触しさえしなければよいとする風がある。その職務上のことについて難詰さるると、法律に抵触しないと云うことをもって抗弁する。裁判官ならそれでいいかも知れぬが、法律の範囲内において国利民福を謀るべき行政官吏がこうして満足するようでは困る。帷幄上奏などについても憲法に抵触しないと云う論点で極力これを擁護維持せんとするは思わざるの甚だしきものである。

昔は流石にそうでもなかったようだ。憲法上の議論をするのでも、今日のように条文の解釈を論理的に進めて行けばこうなると説くばかりでは満足せず、精神論から云ってもかくかくの実際的必要があるという風な所まで切り込んで往ったものだ。もっともこの時代は、専制的思想が天下を風靡《ふうび》して居ったから、そういう説き方をするにも面倒はなかったのだ。帷幄上奏のことについても、軍事は国家の大事である、故にこれは天皇の親裁事項とする、親裁事項たる所以を完全に達成するためには、これを大臣輔弼の外に置くを必要とする、と云う風に説いたのである。今日でもいわゆる憲法学者と称する者の間に、この俗説を平気で説いて恥じざる者が少なくない。しかし時勢も進んだ。憲政運用に関する国民の智見も今や大いに進んで来た。国家の大事だから人民の耳目の外に置く必要があると云う風の論拠から帷幄上奏の不可欠の所以を無理に押し付けらるる程、今日の国民は馬鹿ではない。かえって帷幄上奏などと云う制度は、時代錯誤ではないかと逆襲して来るのである。ましてこれに伴う種々の弊害を挙証し来るに遇っては、流石の軍閥者流も最早自信をもってこれに対抗し得なくなった。ここにおいて彼らは最後の牙城に辛うじて立籠って曰う。帷幄上奏は憲法の規定に牴触しないと。

しかし今日はもはや憲法の規定に牴触しないと云うだけでは何にもならない。更に実際の利害によって実質的の必要を挙示する所がなければならぬ。昔は実際の必要を証明するために専制的思想を取って人も我も怪しまなかったが、今日の眼を開かれたる思想からすれば、実際の必要はむしろかえって帷幄上奏の改廃を迫って熄まない。時勢の変というものは怖しいものである。また面白いものである。

時勢の変は、今や軍事当局者の自信をも動揺しつつあるのを観て、僕は独り私《ひそ》かに微笑を禁じ得ざるものである。そは議会で軍備縮小案が提出された時、流石の山梨陸相も、兵額の決定は天皇の親裁事項なりという根拠に立って、一言の下にこれを刎ね付け得なかったからである。山梨陸相は、大岡氏の待ち設けざりし帷幄上奏論に狼狽して醜態を極めたが、故の寺内伯のような人であったなら、あべこべに、かくの如き提案は陛下の大権を干犯するものなりと真赤に怒って、確かに議員連の度胆を抜いたに相違ないと思う。しかしこれは山梨寺内両氏の人物に上下の差あるを語るものではない。畢竟は時勢の影響だ。要するに、山梨陸相が軍備縮小を議会の自由な討論問題たらしめたと云うことが、すでに憲法の新解釈に一歩譲らねばならぬ時代の風潮を語るものではあるまいか。

（八）帷幄上奏を支持する諸制度

僕はさきに、帷幄上奏を非とする所以は、参謀本部及海軍軍令部が国防用兵のことに関し国務大臣の輔弼の任務と相触るるの点に在るにあらず、軍閥が全く総理大臣を首班とする内閣の外に在りて軍務を専行し、もって国務を両分することに存する旨を説いた。今日いわゆる軍閥が、鞏固《きょうこ》なる一階級を為し、軍事に関しては文官をして一指をも染めしめざるのみならず、更に種々の点において文官を圧迫するは掩《おお》うべからざる事実である。しかもこれは今日の法制上必ずしも違法ではない。すなわち制度の上ではある点までこれを確保して居るものがある。しからばいかなる制度が、軍閥階級の成立を促し、帷幄上奏の弊害を助くるのか。次にその重なるものを列挙して見よう。

第一は内閣官制第七条である。我が憲法はその第五十五条に、国務各大臣は天皇を輔弼しその責に任ずと規定し、必ずしも輔弼の任務が各大臣の連帯たるべきを要件としない。内閣大臣の連帯責任を憲法上の要件なるかの如くに説く者あるが、これは全く誤解である。

しかし責任を連帯していけないと云うのではむろんない。これをいかに定むべきやは憲法の範囲内で自由にきめることが出来るのである。しかして内閣官制は、別に国務各大臣は集って合議体を為し、連帯して輔弼の重責に任ずべきの原則を採用した。これ第一条及び第五条の明示する所である。しかるに独り軍事に関しては一個の特例を認めた。すなわちその第七条において

事ノ軍機軍令ニ係リ奏上スルモノハ天皇ノ旨ニ依リ之ヲ内閣ニ下付セラルルノ件ヲ除ク外陸軍大臣海軍大臣ヨリ内閣総理大臣ニ報告スヘシ

と規定して居る。すなわち事の軍機軍令に関するものは、閣議の討議に上《のぼ》すを要せず、天皇自らこれを内閣に下付せらるるものの外は、陸海軍大臣の専決に帰し、ただ内閣総理大臣に報告すればいいと規定されて居る。帷幄上奏の端はまず実にここに開かるるのである。

第二は陸海軍大臣の武官専任制である。そもそも国務の統一的運用には、内閣の連帯責任が必要である。それには総理大臣に閣僚選択の完全な自由が認められなければならぬ。しかるに我が国現制の如く、武官専任の制があっては、前記の必要は根本的に破らるる。したがって内閣における陸海軍大臣の地位は、ちょうど弱小国における外国顧問の如きものであって、総理大臣はことごとにその制肘《せいちゅう》を受くることになる。現に陸海軍大臣は啻《ただ》に他の閣僚と必ずしも進退を共にせざるのみならず、往々その要求を聴かざれば内閣の組

織ならびに維持が困難になるということもある。ために常に内閣はその要求に制せらるるの結果を来して居る。いわんやこれが更に参謀本部海軍軍令部と相結んで、事実上強力なる一体を成すにおいてをや。最近国民党は、この制度の改革を議会に提唱したとやら。国務統一という立憲的必要から観てもとより当然のことだ。かくて陸海軍大臣が総理大臣の事実上の統督の下に帰したなら、他の点が現在のままでも、余程面目を改めるだろうと思う。欧米諸国中陸海軍大臣を軍人に限るとした国の絶無であることは云うまでもない。専門家がその職に適すとの理由でこれを弁護し得るものなら、なお一層強き意味において、文部大臣は教員をしてこれを兼ねしむるを要し、農商務大臣は実際の百姓町人、逓信大臣は鉄道や船舶の技師でなければならぬ訳になる。法科万能の日本において、それが独り軍閥にのみ喰い込み得なかったのも、一つの不思議な現象であるといわねばならぬ。

第三には「軍令」を挙げなければならぬ。その正文は次の通りである。

軍令ニ関スル件（明治四十年九月十二日軍令第一号）

第一条　陸海軍ノ統帥ニ関シ勅定ヲ経タル規程ハ之ヲ軍令トス

第二条　軍令ニシテ公示ヲ要スルモノニハ上諭を附シ親署ノ後御璽ヲ鈐《けん》シ主任ノ陸軍大臣海軍大臣年月日ヲ記入シ之ニ副署ス

（以下略）

右の正文を見て我々の第一に驚くのは軍令が軍令第一号として発布されたことである。

理窟は通し得らるるか知らぬが、立法技術上乱暴極るやり方だと思う。

さて今この軍令の制定せられた意味を考えて見よう。一体軍事上の計画は一切軍閥がこれを専決し、内閣はただその成を仰ぐに止まり、大岡氏の指摘した如く、「憲法上の大権に基く既定の歳出」という名目の許《もと》に、彼らの計画に必要なる費目は否応なしに出させ得るのである。それでもこれを一種の法規として発布する場合には、内閣総理大臣の同意を得ねばならなかった。何となれば公式令には、一般に勅令は内閣総理大臣の副署を必要として居るからである。しかのみならず勅令は、一方には法制局の審査を経るを要し、枢密院の討議に附するを要する。これ事実上軍閥の専行に対して一種の牽制たるを失わぬ。しかして「軍令」はこれらの牽制をも全然排除するを目的として作られたるものである。少なくとも結果において軍事に関する命令だけは法制局その他の審査を免れ、内閣総理大臣に無関係で発令し得るものとなるのである。軍事に関する勅令は、特に軍令と称する別個の形式により、陸海軍大臣だけの副署で足りる。ここにおいて軍事に関する国務は、完全に一種侵すべからざる治外法権の区域となりおわったのである。

聞く所によれば、軍令は寺内伯の陸相たりし時代の制定に係るとか。制定に先だち、一応元老としての伊藤公の同意を求めたが、流石に公は憲法の精神を蹂躙《じゅうりん》するの甚だしきものとして断乎として峻拒《しゅんきょ》したという。寺内伯の御百度詣りの懇請に接するに及び、公の激怒は遂に「是非ともやりたいなら予に相談するまでもあるまい」と放言するに至ったとか。もって「軍令」の制定が当時いかに裏面の物議を醸したかを想うべきである。

（九）軍事的治外法権論の謬妄

軍閥の治外法権が早くから一部の最高政客の間に物議の種となったことは、前述の通りである。それにもかかわらず、これが最近まで政界表面の問題とならなかったのは何故か。一つには我が国政客の間には早くから国防のことは一般の政務とは区別して取扱わるべき特種のものだとする謬想《びゅうそう》があったためであろう。一般の政務は内閣にこれをまかせる。国防のことは専門の技能を要し且つ非常に大事な仕事だから、これを別個のものとする。すなわちこれを一般政務に対する治外法権区域とするに疑義を挿まないことになったのである。

この思想は、軍閥者流に特有な一種の偏見によって、格別にまた強調された。それは国家を自家少数の階級の独占的支配の中に閉じ込め、一般国民をばその敵とする考えである。平民を国家思想の乏しい者、軍国的施設などにはいずれかといえば反対なもの、少なくとも興味の薄い者と観る。故に軍国の大事はうっかり平民に与らしめてはならない。武力的競争の激甚なる世界の舞台に登場するに際して特にこの必要があると考えた。明治初年以来常に外国の圧迫を感じて居った先輩政治家が、しみじみこれを痛感したのは無理もない。やがて日清戦争北清事変となりて彼らの苦心は見事な成功によって酬いられた。ここにおいて彼らはますます日本指導の秘訣はここに在りとの確信を強めた。確信が強くなればなるだけ、平民の干与によりてこの大事の施行を紛更してはならないと考え込む。しかして他方において時勢の風潮は漸次政党の発達を促して、いわゆる超然内閣は到底持続し難くなる。かくて政党者流が遂に天下の大事を執るようになれば、軍事のことはなおさら挙げてこれを自家専属の任務とするの急要を感じて来る。誤った観方ではあるが、彼らの目してもって敵とする民衆的勢力の勃興に恐れて、彼らは真に国家の前途を思う誠意から、ますます治外法権の孤城を固守するの態度に出でたのである。その「軍令」の如きは、畢竟こんな心理的動機に促されて制定されたものに外ならない。

最近では彼らはこんなことをいう。曰く、国務を分って二とする。一は政務にして内閣もっぱらその執行の任に当り、他は防務にして特別の機関に諮《はか》りて天皇これを親裁すと。したがって議会の批評に上るのは独り政務だけで、いわゆる防務は全く人民と没交渉にするというのである。こんな馬鹿な議論は、少しく思慮ある者の一顧にも値せぬものだのに、余程その毒が浸み亙ったものと見え、有力な政治家の間にすら、臆面もなくこの種の説を吐いて得々たるものがある。一例として気の毒ながら目賀田《めがた》男爵を挙ぐる。男爵は貴族院の壇上において昂然として曰う。華府《ワシントン》会議における軍縮の協議に政府の与ったのは首相の越権だ。海軍協定は政治上の問題ではなく、重要なる国防上の問題である。軍事に関しては別に最高の顧問府あり、首相の干与する所にあらず云々と。かかる偏僻《へんぺき》の議論が堂々と論ぜられて怪しむものがないとは、さてさて困ったものである。

(十)軍閥の越権に困る国民最近の覚醒

軍閥階級の帷幄上奏論が、永い間別段不都合と怪しまれなかったのに、最近それがにわかにやかましい世上の問題となったのはどういう訳か。一部の学者政客が独り強くこれを非とするに止まり、多数の人々はこれを当然のこととして久しく疑義を挿まなかったのに、昨今にわかに転じて輿論の調子が変ったについては、ここになんらか原因がなくてはならない。しかして僕はこれを求めて軍閥階級の思いあがれる不謹慎ということに見出した。彼らが与えられた権限を過当に広く解釈して、漸次他の領域を侵害するの形を執り、ことに外交の方面などにおいて幾多忍び難き迷惑を政府と社会とに掛けたのが、遂に図らずも軍閥の跋扈に対する国民の聡明を覚醒するの機会となったのではあるまいかと思うのである。

軍閥階級に対して現今の法制の公認する地位が、すでに憲政の大義より観て正当かどうかも、大いに疑わしいと思うが、それでもその与えられたる権限を守るに絶えず極度の謹慎をもってしたなら、実際上物議を醸さずして済んだかも知れぬ。しかるに最近数年の彼らの態度は如何。ことに欧洲戦争後支那西伯利《シベリア》における彼らの行動は如何。これらはいちいち列挙するだけが野暮な程識者の間には知悉されて居る。これも統帥大権の作用だ。これも帷幄上奏で御裁可を得たと、総理大臣や外務大臣を除《の》け者にして勝手に活躍されては堪ったものではない。かく云えばとて我々はあながち彼らの報国の誠意を疑うものではない。忠君愛国を売り物にするだけ、彼らはもとより帝国の向上発展のために善かれと謀って為すものに相違なかろう。しかし誠意と云うものは、ただそれだけでは凡ての行動を潔《きよ》めるものではない。彼らが彼らの行動についてどれだけの責任を負うべきものなりやはしばらく別問題として、国民は遂にかくして、帷幄上奏の制度の下に最近頻々《ひんぴん》として見せつけらるる幾多の煩累に促され、漸く軍閥階級に認められたる地位の政治的ならびに法律的合理性をも疑い始むるようになったのである。故にある意味においては、軍閥に対する非難は、軍閥の自ら招く所だといってもいい。

（十一）いかにして帷幄上奏の弊を救治すべき

いずれにしても軍閥の跋扈は、今や国民の眼前に掩うべからざる事実となった。帷幄上奏の政治的疾患たるの事実は、最早争うべからず、一日も早くこれを改めざるべからざるの理も、明白となった。これを存する以上、世界の疑惑の的となって居る二重政府の非難は、到底これを弁解することは出来ない。して見れば、帷幄上奏の是非などは、今頃問題であるべきでない、更に進んでいかにしてこれを改革すべきかがすでに大いに研究されて居なければならないはずなのだ。普選論者の言い草ではないが、議論の時期は過ぎてすでに実行をいかにすべきやの時期に入って居るべきはずなのである。しかしてこれが実は今頃やっと問題となり始めたのだから堪らない。

試みに帷幄上奏による政治的疾患を救治すべき二、三重要の方策を列挙せんか。最も主要なる、また最も根本的なるものは、どうしても思想の開拓でなければならぬ。憲政の大義に国民の耳目を徹底的に覚醒して、ここに政治家の見識を正し、健全なる輿論を民間に作興することでなければならぬ。防務は政務とは別個の仕事だと云うような愚論の少しでも横行する以上は、本件の問題はまだまだ政治家のみに委しては置けない。当今の時勢は、ちょうどいかにして電灯を都鄙《とひ》に普及せしむべきやを攻究するの必要に迫られて居る際に、行灯《あんどん》の方が電灯よりも明るいなどと云う議論が闘わされて居るようなものだ。凡ての国務を単一の源泉に統一する必要をば、もっともっと政治家ないし国民の頭に徹底せしむることが必要である。こう云えば判り切ったことのように思わるるか知らぬが、防務政務対立論の如きは、専門の憲法学者と称する者の間にさえ唱えられて居るし、そんな原則は世界のどこにもないと詰《なじ》れば、世界は世界、日本は日本だなどと、憲法論の究明にまで我から孤立的特殊区域を作らんとする者が少なからずあるのだから、この方面の改革については、まだまだ一種の思想的啓蒙運動が先決の急務であると我々は考えて居る。

しかしこれは差当っての問題ではない。差当っての方策としては、何を措いても先に述べた帷幄上奏の支柱となって居る諸制度を改廃せなければならない。繰返していうが、一には軍令の廃止である。二には陸海軍大臣の武官専任制の廃止である。三には参謀本部海軍軍令部の改革である。四には内閣官制第七条の改革である。これをいかに改善すべきの大体の方針は、前数段に述べた所でも明らかであろう。更に細目に亙って論ずるのは自ら別にその人があろうと思うから、ここには述べぬ。しかして軍事上のことをかくして内閣に統一した上で、更にこれに関する陛下大権の輔翼を必要とするなら、その防務会議の如きを拡張すれば足りると思う。しかして以上の方策は、皆同時にこれを決行するに妨げのないものであると思うが、もしその間に前後援急の別を立てねばならぬ事情ありとすれば、僕はまず第一に武官専任制の廃止を緊要とし、参謀本部海軍軍令部の改革をその次とする。この二つさえ適当に改まれば、他は独りでに解決せらるるであろう。

（十二）軍事当局の「帷幄上奏の弁」

二月下旬陸軍当局は各新聞をして次のような弁明を発表せしめた。軍人の方に取って専門外のこととは云え、その議論に理窟の通らないこと夥《おびただ》しい。これを僕の議論と対照せば、何人もそが弁明にも何にも成って居ないことにすぐさま首肯せらるるだろうと思う。ただその間に明白に見えるのは、理を非に枉《ま》げても帷幄上奏を維持しようとする強弁の態度だけである。彼らの専門の戦争のことなら、死ぬまで闘うと云うもよかろう。どんなに苦しくとも、負けたと云っては国家に済むまい。しかし国家のために制度をどうすればよいかの議論にまで、かの軍人的精神を頑強に主張されては困る。平和の論争においてだけは、悪いことは悪かったと淡泊に出て貰いたいものだ。これ実に国家の福利を真に図る所以なのである。軍閥の利益のために国家の利益を無視するが如きは、どんな口実の下にも断じて許されない。

帷幄上奏ノ弁（陸軍当局談）

所謂陸海軍大臣ノ行フ帷幄上奏ナルモノハ、内閣官制第七条ニ「事ノ軍機軍令ニ係リ奏上スルモノハ天皇ノ旨ニ依リ内閣ニ下付セラルル件ヲ除ク外陸軍大臣、海軍大臣ヨリ内閣総理大臣ニ報告スベシ」トアル条項ニ依ルモノデ、帷幄ナル名称ハ別ニ法文上ニ記シテアルモノデハナク、統帥ニ関シテ天皇ニ奏上スルコトヲ、戦陣ニ因ミテ帷幄ナル特別ノ字ヲ附スルニ至ツタノデアル。

然ルニ近時、此ノ条項ハ軍部ノ専横ヲ招来シ、一般政務ノ統一ヲ害シ、又ハ総理大臣ノ職権ヲ蹂躙スルモノト為シ、「憲政治下ニ帷幄上奏ナルモノアリ、総理大臣モ之ニ与ルコトヲ許サズ、行政内閣ノ外ニ帷幄アリ、随意ニ国庫負担ヲモ増加シテ憚ラザル如キ、列強ヲシテ我国ノ平和主義ヲ疑ハシムルモノデアル」ト云ツテ居ル者モアルガ、是ハ一ノ実相ヲ知ラザル者ノ言ト云フ外ハナイ。

抑々《そもそも》陸海軍大臣ノ行フ帷幄上奏ナルモノハ、前記ノ内閣官制第七条ニ書イテアル通リニ、唯々軍機軍令ニ関スルコトニ限ラレテ居リ、一般行政ニ迄及ブモノデナク、随意ニ国庫負担ヲ増減スルガ如キコトハ絶対ニナシ得ナイ。例ヘバ師団ヲ増設スルニシテモ、必ズ閣僚ノ意見ニ一致シタル後、之ニ要スル予算ハ議会ノ協賛ヲ求メ、実行可能トナリタル後始メテ増設ノ事ヲ上奏スルモノデ、決シテ内閣ト没交渉ニ決定セラルルモノデモナケレバ、議会ノ協賛モ経ナイデ勝手ニ上奏実行シ得ルモノデモナイ事ハ、実際ノ事実ガ明瞭ニ示シテ居ル。

陸海軍大臣ノ外ニ参謀総長及海軍軍令部長トシテ帷幄上奏ヲ行フコトモアルガ、是レ亦其職責上国防用兵ノ計画ニ関係スル事カ、或ハ直接軍隊ノ指揮命令ニ関スルコトデアルカラシテ、其ノ内容ハ直接政務ニ関係アルモノデナイノミナラズ、参謀総長及軍令部長ハ平時実行上ノ職権ヲ有シナイカラシテ、是等上奏ノタメ、何等一般政務ヲ左右スルモノデナイ事ハ明瞭ト云ハネバナラヌ。然ルニ世往々参謀本部又ハ軍部ヲ以テ、軍部ノ最終最高ノ決定機関デ、此処デ軍備ヲ決定シテ仕舞ヒ、之ニ対シテハ内閣デモ議会デモ唯惟《こ》レ命ヲ奉ゼザル可《べか》ラザル様ニ論議シテ居ルノハ、実際ニ触レザル議論ト云ハザルヲ得ナイ。

要スルニ帷幄上奏ナルモノハ、統帥ニ関スル直接事項ハ、一般政務ノ外ニ立ツ関係ヨリ起ツタモノデアッテ、我国ハ昔カラ兵馬ノ大権ハ上御一人ニアリ、天皇ハ陸海軍ノ大元帥デアラセラレルノデアルカラシテ、統帥ニ関スル直接事項ハ、一般政務ノ外ニ置ク事ハ、我国体ニ照シテ当然ノ事ト謂フベク、而カモ多年一般ニ承認セラレテ来タコトデアッテ、封建時代ノ様ニ、一切ノ政務ヲ軍備ニ追随セシメヤウトスルモノデナイコトハ勿論ノ事デ、之ガ為メニ内閣総理大臣ノ職権ヲ蹂躙スルト云フ様ナ事ハアリ得ナイ。今帷幄上奏ノ事項ニセラレテ居ル所ヲ挙グレバ、次ノ様ナモノデアル。

(一) 作戦計画ニ関スル事項
(二) 外国ニ軍隊派遣ニ関スル事項
(三) 地方ノ安寧秩序維持ノ為メ兵力使用ニ関スル件
(四) 特別大演習等ニ関スル件
(五) 動員ニ関スル事項

(六)　平戦時編制
(七)　戦時諸規則
(八)　団体ノ配置ニ関スル事項
(九)　軍令ニ関スル事項
(十)　特命検閲ニ関スル事項
(十一)　将校同相当官ノ平戦時職務ノ命免及転役
(十二)　其ノ他軍機軍令ニ関シ臨時允裁ヲ仰グヲ要スル事項

斯様ニ書キ列ベテ見ルト、作戦計画ヲ定メル為ニハ、国防方針ヲ定メナケレバナラズ、国防方針ハ国策ニ密接ノ関係ガアル。然ルニ之レヲ帷幄上奏スルトハ怪シカラヌ等ト詰ル人モアラウガ、其国防方針ハ、内閣ニモ御諮詢ニナッテ定ツタモノニ拠ッテ居ル。決シテ軍部ガ勝手ナ国防ノ方針ヲ定メテ居ルノデハナイ。又外国ニ軍隊派遣ノ事、編制ノ事等ハ、勿論国策及予算ヲ伴フモノデ、是等ハ予《あらかじ》メ閣議ニ於テ意見一致ノ上議会ノ協賛ヲ経ベキモノハ之レヲ経タ上デ、帷幄上奏セラルルモノタル事ハ、既述ノ通リデアル。

其他一一説明ハシナイガ、概ネ同趣旨デアル。尚将校同相当官ノ任官ハ勿論内閣ヲ経テスルモノデアルガ、其職務ノ命免ヲ帷幄上奏ニ依ルノハ是ハ指揮権ニ関スル事デアルカラデアル。

（十三）結　論

以上をもって僕の言わんと欲する所の大綱は尽きた。軍閥の人々に取っては、恐らく不《ふ》逞《てい》の暴言と見えるだろう。例によってなにがしの中将とか、なにがしの博士などからは、手厳しき攻撃を受くることだろうと予想する。しかしながら、今日苟《いやし》くも真に国家の前途を憂え、少しでも世界の大勢に眼界を展べて、帝国将来の隆運を冀《こいねが》う者は、断じて僕の立言の趣意に異議あるべき道理はないと確信する。海外発展の虚名に眩惑《げんわく》して民族的精神の頽廃を省みるに遑《いとま》なき者にあらざる限り、部下多数の嘖々《さくさく》者流に擁せられて良心の自由を喪える者にあらざる限り、自家階級の利害をもってすなわち直ちに国家その者の利害なりとする錯覚に陥れる者にあらざる限り、少しく冷静に、少しく誠実に、邦家百年の大計を思う者は、当然に且つ必然に帷幄上奏を非とするに一致せなければならぬはずである。僕の立言の細目にはもとより多くの誤謬もあろう。ただその根本に横たわる主要の旨義《しぎ》に至っては、恐らく当今緊急の一大国民的要求を代弁し得て大過なかりしものと私《ひそ》かに自信するものである。

護憲運動批判

●『時局問題批判』大正十三（一九二四）年三月、朝日新聞社刊、所収

序言

昨今総選挙の日が迫るに連れて、定めし諸君は種々の運動員ないし候補者から、いろいろの注文を受けて居られることと思う。したがってまたその取捨選択に迷わるることもあろうかと思うが、私は仮りにこのことについて諸君から相談を受けたものと仮定し、私の観るところに基づいて一片の御忠言を呈しようと思うのである。これについては昨今政界の問題になって居る護憲運動なるものを批判せねばならぬ。これ本題をかかげて諸君の清聴を煩さんとする所以である。

今度の総選挙で争点となって居る題目は、言うまでもなく、清浦内閣を認むべきや否やに在る。しかして清浦内閣成立の根拠に非立憲的分子の伏在するは争い難き事実だから、いわゆる憲政擁護を旗じるしとしてその倒壊を主張するは、表向き正しい立場だといわねばならぬ。しかしながらこれを倒せば我が政界は直ちに健全な常道に復するだろうか。これが実に問題だ。私の観るところでは我が国の政界には幾多の病根がある。一を去っても直ちに健康体に復するを必しない。そこで問題は、どうせ当分病的変態が続くものなら、甲乙二病根のうちいずれをしばらく忍ぶべしとするかを決めようということになる。そこで私は、表面掲ぐるところの旗幟《きし》の何であれ、今日の政党政派はどっちが勝っても社会民人の利福にはあまり係わりがない、団体としては種々の行掛り上にわかに立派な政治を期待し難いから、今度の選挙に当っても、しばらく甲乙両派のいずれを援くるというを差控え、いずれの所属でもいい、とにかく人物本位で選択を決したらどうかと考えるのである。今日のような変態的な政界に在っては、少しでも立派な人物を出すことが、実に政党をきよめ、結局また漸をもって政界を常態に恢復《かいふく》せしむる所以《ゆえん》だと思うからである。かくて選挙民に対する忠言としての私の結論はこうだ。第一に今日紛々たる運動員のうるさい勧誘には耳を傾け給うな。第二にこれを聴いている遑《いとま》がある位なら昼寝でもした方がましだ。昼寝がもったいないというなら、セッセと家業に精出したがよい。第三にいよいよ何人《なんぴと》を選出すべきやは、選挙の当日になって投票所にゆく三十分も前にゆっくり考えて十分だ。早くから決めない方がむしろいいと。

要するに総選挙だからとてにわかに馬鹿騒ぎをするのは不必要のことだ。本当の憲政の要求するところは選挙だからとて少しも騒がず、国民が平常と変らず各々その業にいそしむということである。怠惰な学生が試験の時ににわか勉強をするようなのでは困る。もっとも頼まれて運動を商売にする人は別だ。これらは共同売出しの楽隊のようなものである。楽隊に連れて市民諸君までが一所に浮かれ出すようでは、まるで気狂いの沙汰だといわれても仕方はあるまい。憲政の道徳的の重みは決して騒々しいところからは生まれない。冷静であればある程、選挙民の政界に対する威力は増すものである。

以上結論を先に述べて仕舞ったが、これより少しくこの結論に達する議論の道筋を辿って見ようと思う。

解散後の騒然たる物情

護憲運動者流の言い分につき、第一に論評を要するのは、清浦内閣の解散断行のことだ。そもそも今次の議会はどの道解散になろうとは誰しも予想しておったところだが、ああいう状態の下にこれを断行すべしとは恐らく何人も予期しなかったことだろう。それだけ今度の解散は世上物論の種となる資格はある。いずれにしても議場の時ならぬ騒擾のため内閣諸公が過度に狼狽したという非難は到底免れない。元来解散は議員に対する懲罰ではない。相手方の態度が気にくわぬとて軽々に濫用されては堪《たま》ったものでない。彼我の確信がどうしても一致しないとき最後の決を民論に取るというが解散の政治的根拠だとすれば、自分も論弁し相手方にも十二分の発言の機会を与えた上でなければこれを断行すべきでない。この点から観て今度の解散は、多くの人のいう通り、非立憲の甚だしきものたるは疑いない。

されればといって、一部の人のいうように、清浦内閣はもともと議会に解散を命ずる政治的資格を欠くものだとするのは、とんでもない間違いだ。清浦内閣を貴族院内閣というの正しきや否やはしばらく別問題として、仮りに然りとするも、その拠ってもって立つところの貴族院に解散ということがないからとて、衆議院に解散を命ずるを避くべきだという議論は出て来ない。下院に何の根拠ももたない内閣が新たに選挙の勝敗を争うは無意義でないかという説もあるがこれもまた間違いだ。いずれにしても清浦内閣に解散断行を拒む理由は少しもない。政治上の見地から解散を避けよと忠告するはいいが、断じて解散権を恃《たの》んではならぬぞと迫るのは、大いなる誤りだと思う。

故に解散に関して清浦内閣を責むべきは、その時機の選定についてのみである。解散そのことには何の咎むべき点もない。むしろ堂々その所信によって天下に争うの勇気を多とすべきである。ただし来るべき選挙を果たして公平にやるか否かにつき諸君と共に大いに警戒を要するはもちろんである。

解散を見るに至ったのは議院が悪いからだと清浦首相の声明書はいう。議員の多数はまた反対に責を内閣に帰して居るのは、諸君の御承知の通りである。政府と政党とここしばらくは責任のなすり合いをすることだろうが、しかし国民はこの問題についてはほとんど何らの興味をも感ぜないようだ。何故なれば、解散せざるべからざる政界の情勢は新年早々早く既に醞釀《うんじよう》し、勃発の動機を与えた者のいずれなりやは深くこれを問うの必要がないからである。しかして政府政党の争いをここまで激しく導いた全経過のうち、もし甚だしく吾人の心を痛ましめたことありとせば、そは正々堂々たる政見の争いをば、忌むべき罵詈《ばり》讒謗《ざんぼう》の醜陋《しゆうろう》に堕せしめたことでなければならない。それも単純なる馬鹿呼ばわり位ならまだいい。階級闘争を激発するの、国体の尊厳を傷つくるの、果ては上、皇室を欺き奉るのなどと際どいところで相手方を窘窮《きんきゆう》せんとするが如きに至っては、社会の公安を紊《みだ》るむしろこれより甚だしきはないと思う。大阪駅頭で犬養氏を擲《なぐ》ろうとしたものも、平田内府や牧野宮相やを脅かしてあるいた連中も果ては議場に闖入《ちんにゆう》して乱暴をやったのも、恐らく皆これらの宣伝を真《ま》に承《う》けた正直者の所為《しよい》であろう。民間政客の国憲擁護は官憲の危険思想呼ばわりとともに、も少し冷静慎重な省慮を必要としないか。敵を陥るるに急なるのあまり、更でも不安な人心の激情を不当にそそるを厭わざる如きは、情において諒とすべきものありとはいえ、今日この際吾人は大いにこれを責むるの必要を認むるのである。

宮中府中を紊るとの説

しかし昨今の物論の中、宮中府中の別を紊るとの説だけはいささかこれに傾聴するの必要がある。ただしこれは平田内府に向けるべきもので、清浦内閣倒壊の理由としてこれを算うるはいささか当らぬようにも思う。

あまり結構なことではないが、在来の慣例をしばらく許すと、山本内閣辞職の後をうけて何人に組閣の大命を降すべきやを、御下問を蒙って元老が決するということは、我が国の今日においてまだこれを認めねばなるまい。そこで平田内府が東京と興津の間を往来して清浦奏薦に尽力したのは、もと摂政宮殿下の御下命に出ずるものとせば、いわゆる宮中府中混同の難は起らない。首相奏薦の首動者は依然元老だといえるからである。しかるに今度の場合は、少なくとも新聞等に現れたところによると、いささか様子が違うように見ゆる。元老の同意は求めたに相違ないが、後任奏薦の積極的首動者はどうも内府と宮相とであるらしい。少なくとも東京、興津間の往復が殿下の命に出ずるや否やはすこぶる疑わしい。果たしてしからば今度の場合は平田内府が自ら進んで政界の渦中に飛び込んだものと謂うべきではないか。元老の奏薦する者につき、あらためて殿下の御下問あった場合、その視るところを進言するは、常侍輔弼《ほひつ》の役目として当然だが、後に御下問を蒙るべき事柄をば先に廻って纏めようとしたのは、越権の沙汰ではなかろうか。この点事すこぶる重大、十分の調査を要しまた十分の説明を要することと信ずる。

平田内府が宮中府中の別を紊るの非違を犯したということは、それ自身毫末も清浦内閣の運命に必然的の関係はない。宮中府中の別を紛更することに因りて生まれたのだから罷《や》めなくてはならないという者もあるが、清浦子爵の内閣組織はどこまでも大命拝受の結果である。殿下が大命を降し給うまでの間に内府がどんな間違いをしたにせよ、その責任は清浦子の負うところでないのみならず、もしこれに口実を藉《か》りて一旦拝受した内閣組織をやめるようなことあらんか、そはかえって大命を拒むの譏《そし》りを免れまい。故に曰う。宮中府中の混同については宜しく平田内府を責むべし、この点を理由として清浦内閣の辞職を迫るは全然その拠りどころがないと。もしそれ最高顧問府の長たる清浦子が軽々しく出廬したそのことを宮中府中の混同なりとするの説に至っては、その謬妄《びゅうもう》もとより弁疏を要せずして明白であろう。大命に基づいて組閣のことに当る。それがよしんば枢府議長にあらずして内府その人であったにしろ、もとこれを違憲非法とすべき理由はないはずと思うのである。

清浦子爵の薄志弱行

かくいえば清浦内閣の成立に少しも瑕疵《かし》がないように聞えるようだが、実はそうではない。子が大命を辞したり受けたりして腰の据らぬ陋態《ろうたい》を示したのはもとより世の非議に値するも、しかしこれは殿下を欺き奉ったの、公器を弄したのと難ずべき問題ではない。政治家としての資格を疑わしむるには十分だ。が、だから受けた大命を返上せよと迫るは些か失当の観があると思う。ただ特に子に責むべきは、子が組閣の業を挙げて全然これを研究会の某々氏等に一任せしことである。殿下は一清浦を信任して大命を降し給うたのだ。この畏き倚託を蒙りながら全然これを第三者に一任するは、上に対する責任は自分一身にこれを負うのだと申されては居るが、甚だ恐れ多いことではないか。自分を信じての註文を受けて、これを私《ひそ》かに他人に作らすのでは、たといそれが自分が作るより良く出来てもまたたとい悪く出来たら金を返すまでだと覚悟したとしても、心ある工匠の顧客に対する道ではない。いわんや天下の公器を託せらるる場合においてをや。あるいは曰うかも知れぬ、研究会の某々氏等に一任した方が自分が作るよりも一層よきものが出来ると。そんなら清浦子はあらためて大命を辞しその研究会の某々氏等に代りて大命を降し給わんことを奏進すべきであった。与えられた仕事の最適任者でないと識りつつ自ら名誉ある地位を平然として取るは、鞘《さや》取り輩なら知らぬこと、断じて宰相の行動ではない。

しかしこれとても清浦内閣に辞職を強要すべき政治的理由とならないことはもちろんである。殿下の大命を他の第三者に託するの不可なるはいうまでもないが、我が国今日の政界に在ってまさか研究会の某々氏輩を奏薦し難いという事情や、研究会幹部の暴慢なる遂に清浦子をして極度の譲歩を敢てせしめた内情やを考え合わせると、事実において清浦子の態度を若干諒とすべき理由ないでもない。果たしてしからばこれに口実をかりて内閣の辞職を迫るは甚だ大人気ないという感がするのである。首相清浦子の薄志弱行、貴族院若殿原の倨傲、新内閣顔触の貧弱、一として頼もしく思わせる分子はないが、しかし出来上った以上、その技倆はともかくも未知数として置かねばならぬ。柄にもない奴が出て来たからとてにわかにこれを引倒すに焦らなくてもよかろう。やがてその云為《うんい》施設につき正面から堂々戦陣を張っても遅くはあるまい。否、かくすることが実に立憲の常道である。この見地に立って私は、清浦内閣の一日も早く退かんことを切望するにかかわらず、昨今の護憲運動には、決して直ちに同意することが出来ぬことを自白しておく。

我が国政争の通弊

昨今火花を散らしている護憲運動に対してはその外言って見たい点多々あるが、大体において論点多く肯綮《こうけい》を外れ、いわゆる政権争奪の徒なら格別、一般識者の熱情をそそるには余りに調子が低過ぎると思う。賢明なる諸君に向ってはこの上くだくだしくこれを評論する必要もあるまい。ただこれに関連してどうしても言わずにおられぬことがある。それは外でもない。我が国の政争が常に中世紀的の型を離れぬことである。何をか中世紀的の型という。敵をその出発点において、否、その胎生時代において鏖殺《おうさつ》せんとすることすなわちこれである。惟《おも》うに敵をその未だ芽萌えせぬ間に殺してしまう、これ程安全なことはない。故に頼朝が天下を取れば平家の残党を津々浦々に探し出してこれを殺し、家康が豊臣家に代って権力を握れば、相手方の葉を枯らし根を絶やして後の祟りを一掃するに努む。この筆法からいえば、清盛が常盤御前の愛にひかれて頼朝兄弟を生かしておいたのは政治家にあるまじき大きな失策であった。しかしながらかくの如き根絶政策は断じて現代式の戦法ではない。否、この政策を取らないというところに実は現代政争の特色があるのだ。すなわち今日の戦法は、敵にも十二分の機会を与え、堂々と土俵の上にのぼせて、万人環視の下にその力を角《かく》そうというのである。立憲政治が社会全般の文化的向上と相伴う所以はすなわちここにある。故に吾人は常に戒心して政争の形式がややもすれば中世紀型に堕するの弊害を避けなくてはならぬ。この点から観て私は今次の護憲運動に一種の反感を覚えざるを得ぬのである。何となればこの運動は現政府をまずその出発点において倒さんと試むるものだからである。

隣に同じ商売を始むるものがあると、開店前にケチをつける。競技の場合に相手方をばスタートにおいて斥《しりぞ》けてしまう。かくして利便を独占するは楽な方法だが、社会全体としてはこれ実に百弊のもとだといわなければならぬ。清浦内閣に何の非議すべきものありとしても、これを倒すための手段を例によって中世紀型に択んだことは、憲政の発達のため私のひそかに慨嘆するところである。

そこになると英国のボルドウィンなどは実際偉い。遠い外国のことを論ずるは私の当面の目的とするところではないが、心ある読者は必ずやこの点に深く思いを潜めらるるを辞せないだろう。

護憲運動を難じたからとて清浦内閣に同情するものと思われては、また私の甚だ迷惑とするところである。考えて見れば見る程清浦内閣の出現には癪《しゃく》に障ることが多い。政策上のことは、これから実際やらして見た上でなければ判らぬが、第一にその意気地なさがどうだ。護憲運動家から突っ込まれての返事のだらしなさには、つくづく愛想が尽きる。運動家曰く、なぜ組閣のことを挙げて研究会に託したかと。首相答えて曰く、頼んだ覚えはない、ただ会内の二、三子に相談したまでだと。何故首相は「研究会に頼んだのがどうして悪い」と逆襲するの勇気を出さなかったのか。頼んだに相違なくんば男らしく責任を負うがよい。しかしてその責任を負うことに堂々と理窟も立つではないか。騒がれれば理も非もなく屈するというのが由来先輩政治家の常とはいえ、余りに見苦しき態度ではないか。

この点は研究会とても同じことだ。日本今日の政界において、研究会が組閣のことに率先運動したとてナゼ悪いか。悪いと信じているならやらぬがよい。やった以上は相当の覚悟はあって然るべきはずだ。しからば護憲運動家の詰問に対《こた》えて、「研究会としては何らの関係がない、ただ二、三子が個人として組閣のことに与《あずか》ったまでだ」などと逃げる必要はどこにあるか。研究会のこの際に処する態度は、実に清浦老以上に醜陋を極めて居る。

それも理窟が立たぬなら仕方がない。立つ理窟を立てず、相手方と進んで力争するの勇気がないばかりに、とかく我が国ではいわゆる運動が流行するのだ。多少の虚勢を張って騒げば訳もなく無理も通る子供の喧嘩のようなもので、相手が逃げればどこまでも追っ駆けて行く。いつまでも子供に追い廻されていず、一度位は大人らしく踏み留まって見てはどうか。いかに貧弱な清浦内閣でも、今日の護憲運動位を突っ放すに訳はなさそうなものである。

下院に基礎を有せざる特権内閣

清浦内閣に対する最も手痛き非難は、それが下院に基礎を有せずという点であろう。したがってこの難点はまた護憲論の最も重要なる中心点だといえる。しかし私はこの点に関してもまた直ちに今日の護憲運動家の主張に同ずることは出来ない。

　憲政の常道として内閣が下院に基礎を有せざるべからざるは言うまでもない。もっとも単純なる法律論としては、内閣はすなわち陛下の自由に任命し給うもので、下院多数党などいうことに拘束さるべきでないといえる。この法律論と政治論とを混同して一時大権内閣論などというものが横行したこともあるが、今日では清浦子爵ですらが両者の密接なる関係を肯定している程だから、我が国政治思想もこの数年大いに進歩したものといわねばならぬ。しかし本当の正しい処にはまだまだ行き着いては居ないようだ。

　清浦子爵は内閣と下院多数党との密接なる関係を肯定はしているが、未だ十分にその本来の意義を了解しておられぬように見ゆる。そは子爵の過般地方官会議においてなせる演説によっても分かる。子曰く、政府が下院に基礎を有するは憲政運用上甚だ便とするところだ云々と。すなわち子は両者の関係を便宜の問題だと観ていられる。大阪から神戸に行くには阪神線もあれば阪急線もある。時間を惜しむ人には阪急が便宜だといえるように、特別の停留場に降りようという人には阪神を便宜ともいえる。すでに便宜の問題とすれば、必ずしも一つによらなくてもいいという理窟になる。したがって清浦子にとっては、下院に基礎なき内閣であっても必ずしも憲政の常則に外れぬことになるわけだ。ここに私共は同子の見識の陳腐なるを認めぬわけにゆかぬ。

内閣と下院との関係の緊密ならざるべからざるは、啻《ただ》に便宜の問題ではない。そこにはかくあらざるべからざる必然の関係があるのだ。詳しい議論はここにこれをつくす遑はないが、簡単に略言すると、第一にはいかなる政体に在っても、本当の国政活動の中心となる一番大切な役目を勤むるものは何といっても大臣だ。そこで大臣に天下最良の人材を選むことが何より肝要である。第二に大臣として必要とせらるる資格の中最も大切なことは、民衆の疾苦に通ずることとその要求を充たし社会の利福を進むるの方策を有することとである。第三に何人が果たしてよくこの資格を具有するやは元来すこぶる判然《はっきり》しない。故にこの資格がある特定の階級に固定的に認めらるるようになっては困る、適才の選択が常に移動するようになっていなければならぬ。しかもその移動は平和的に行わるるものでなくてはならぬ。以上三点が最も大事な条件であるが、貴族院の政派がもっぱら内閣を組織するのでは、右の条件のいずれもが充たされない。何となれば、彼らは民衆の意嚮《いこう》と没交渉にその地位を占むるものだから、その疾苦を痛切に感得するの便宜がなく、のみならず総選挙のような時々信任を天下に問うの機会が与えられていないから、いわゆる人材精選の流動的疏通がまったくない。そこでどうしても下院から内閣を作るべき人材を挙ぐることにせねばならぬという理窟になるのだ。すなわち両者の関係は単に便宜の問題と観るべきではないのである。そこには実に深遠なる道徳的必然的関係が存在するのである。

しかしながら、内閣と下院との必然的関係は無条件にこれを許すのではない。何故内閣は下院に基礎を有せねばならぬのか。曰く、下院でなければよく天下の要求は分からぬからだ。しからば何故下院のみが能《よ》く真に天下の要求に通ずるか。曰く、選挙民の貴き一票を得んがためには出来るだけ彼らの歓心を得ねばならず、彼らの歓心を得んがためには出来るだけ彼らの喜ぶ政策を取らねばならぬから。かくて候補者は真に民衆の欲するところをその欲するところとするに至るのである。単にそればかりではない。凡そ人には己惚《うぬぼ》れがあるばかりでなくまた権勢欲というものもあって、一旦台閣に上ると容易にこれを他に譲りたがらぬものだ。そこからいろいろ弊害が起る。しかるに内閣が下院に基礎を有することにすると総選挙の結果で平和的に内閣の更迭を見ることが出来る。しかしてその総選挙なるものは、理想的に行わるると、選挙民は各候補者の政見に聴き、よってもって大いに教育されて誠実にその選を決するものだから、結局有徳有識の士が間違いなく挙げらるるを期待し得る。要するに総選挙が理想的に行わるると内閣は下院に基礎を有せざるべからずとの慣行の上に、我々は大いに政界の道徳的進歩を期待し得るのである。

そうすると、内閣と下院との必然的関係の推奨は総選挙の理想的に行わるるを条件としての話であるのは明白であろう。この条件が具わらざれば問題を文字通りに受取ることとの出来ぬは言うまでもない。しからば、我が国の選挙界は如何。ここに私は大いに諸君の注意を促したいと思うのである。

滋養物は健康な人々にとってこれを勧むることは出来るが、病人にはかえって害となることもないではない。いわゆる憲政常道論の如きも、文字通りにこれによるべきや否やは、また政界の状態如何によって定めねばならぬ。そこで問題を元に戻して考えて見る。内閣は下院に基礎を有せなくてはならぬ。この点において清浦内閣は憲政の常道に反するは明らかだ。しかしながらこの常道の採るべきは、総選挙が理想的に行われ、政界の最後の監督権が完全に民衆に握られて居る場合に限る。この条件の具わらざらんか、内閣の基礎を下院に有すると否とは、社会の慶福に実質的の関係はない。しかして我が国政界の実状は果たして如何。私は総選挙の理想的施行を阻止する者が今日の護憲運動家にもすこぶる多きを認むるが故に、一方には彼らに憲政擁護を論ずるの資格なきを責め、他方には彼らの主張に聴くも何の実質的に得るところなきを国民に警戒するを必要と思惟するものである。

選挙民に対する希望

以上論ずるところに基づき、私が今次の政争に対し軽々一方に偏して賛否を決すべからずとせる趣意は明らかであろう。そこでもう一度前論を繰返し総選挙に対する公民の態度

二、三件を列挙して諸君の参考に供したいと思う。

(一) 何人を選挙するかは何人とも約束せざること。候補者の依頼を承引すべからざるはもちろん、郷党有志の申合せの如きもまた良心の自由を拘束するものとしてこれを避けねばならぬ。

(二) 何人を選挙すべきやは投票の瞬間まで決定を留保すべきこと。事前にこれを研究するは妨げない。しかし途中からどんな良候補者が新たに現れぬとも限らぬから、決定は最後の瞬間まで留保するが賢明である。

(三) 何人を選むべきかの標準は一に自分の良心の命に聴従すること。腐敗手段や陋劣なる方法を慣用する者を排すべきは言うをまたない。

二月二十二日、大阪中央公会堂にて

現代政治上の一重要原則
——民主主義は何故わるいか

●『中央公論』昭和三（一九二八）年十二月号

無産階級の政治的進出、これは洋の東西を問わず最近において最も著しい現象だが、殊に既成政党の腐敗に苦しむ我が国においては、新興階級の擡頭によってあるいは廓清の効の挙げらるべきを思うてこれに対する期待と同情とはすこぶる大きい。しかし今日我が無産階級の政治的運動はこの期待に応ずるだけの十分の用意と実力とを具備して居るだろうか。実力はこれからだんだん時の進むに連れて増大するだろう、その用意に至っては今の中《うち》からこれに心掛くべくして、しかもすこぶる等閑に付せられて居るの嫌いなきかを私は恐るる者である。

実際の政治運動において常に心掛けられねばならぬ重要な原則は二つある。一はいかにして自家の抱負経綸《けいりん》を実現せしむべきかに関するものであり、二はいかにすれば常に最良最善の政策方針が凝滞なく行われるよう政界の客観的状勢を作り上ぐべきかに関するものである。前者は事柄の性質上主として政治家自身の最も多く関心するところなるが故に、仮りにこれを政治運動における主観的根本原則と謂っておく。と云って直接に政治運動に関係せざる第三者の一般民衆が概してこれに無関心でいいと申すのではない。最良最善と定まった経綸がスラスラ滞《とどこお》りなく実行せらるることは彼ら一般の利害休戚にも直接重大の関係あるは云うまでもない。これに反して後者はまた事柄の性質上ややもすれば政治家自身からは看却されがちのものである。何となればこの立場は、政界において最良最善の政策方針と自称する者の一にして止まらざるの事実を予想し、客観的にはいずれが最良最善なりやは容易に分からないものと決めて政治家の軽々に政権を握らんとするを抑うるものだからである。蓋し政治家としては一刻も早く自分の抱負を実行したいのである、誰がまず実行の衝に当るべきであるかなどの詮索はこれを念頭に浮べる遑《いとま》さえもたぬを常とするのだ。それだけにこの点は実は局外の一般民衆において十分これを理解し、もって政治家の行動を適確に監督せねばならないのである。よく立憲政治においては民衆的監督《ポピュラー・コントロール》が必要だなどと説かるるが、そのいわゆる監督をして実効あらしむる所以《ゆえん》の原則はすなわちこれに外ならぬのだ。こういう点から私は仮りにこれを政治運動における客観的根本原則と呼んでおこうと思う。客観的と云うは直接政権の運用に与《あずか》る者を外部から牽制するの作用という点に着眼しての意味である。しかしてこれは一面においてはなるほど政治家に対する煩しき拘束には相違なからんも、他面においては政治の堕落を防ぎ結果において政治家自身の公生活を完《まっと》うせしむるものなのである。心ある政治家は必ずやこの方面にも十分の関心をもたねばならぬはずと考える。

政治運動に右の如き主観的根本原則と客観的根本原則との二方面を肝要とするは、ちょうど我々個人の日常生活において断行と省察とを修養工夫の二大要事とするに似て居ると思う。我々は何をするについても最善と信ずることは勇敢に断行しなくてはならず、またこれを断行するについての障礙《しょうがい》は内部的のものはもちろん外部的のものも仮借《かしゃく》するところなくこれを排除して進まなければならぬ。しかしながら単にこれだけを日常生活上の金科玉条としては、あるいは遂にとんでもない過誤に陥らぬとも限らない、自分の一旦の所信が客観的に果たして最善であったか否かは判らぬからである。ここにおいて最善でもないものを最善だと妄信してこれに全力を傾倒するの愚より自らを救うためには省察が必要と云うことになる。もッとより良き立場はないかと常に疑って見るのである。かく疑って見て我々が常により良き立場へと一歩一歩実践の方針を向上せしむるとき、我々は始めて全体として真に最善最良の立場を占めたものと云い得るのだ。この意味をある人はこう云う言葉で現して居る、一旦正しいと思い込んだことをいつまでも正しいと固執すること程正しくないことはない、一番正しいのは常に正しからんと心掛けることであると。要するに断行は省察を待って始めて倫理的の価値を発揚するのである。これと同じように、政治に在っても客観的根本原則を伴わざる主観的根本原則の活動は、必ずや専制の弊に陥らずしては熄《や》まぬものだ。故に私は曰う、政治において一番大切なのは、いかにして我々の抱負経綸《けいりん》を行うべきかの問題ではない、いかにして最良最善の意見に実現の機会を与うべきかの方がむしろより以上に重要な問題であると。

我々人類の政治生活も考えて見ればずいぶん永いものだ。この長い間の経験は自ら我々に政界における前述二大根本原則の相伴わざるべからざる所以を教えて居る。今ここでその発展の歴史を詳《つまび》らかに語る遑はないが、ただこれだけを一言しておく、その発達の最高の段階に立つものが実に民主主義《デモクラシー》の精神であると。

これを簡単に説明するとこうなる。俺が最良の意見をもって居る、天下のために是非これを実行したい、という者が事実において二人も三人もある。たまたまその中の一人が天下を取れば、彼は凡《あら》ゆる便宜を利用して徹底的に他派を圧倒する。かくして評価の基準は何ら道義的意味をもたない腕力に置かれることとなる。反対派は機を見て恢復《かいふく》を図るだろう。もしクーデターによって政権の移動をもたらしたとすれば、これまた腕力をもって評価の基準たらしむるに変りはない。後者が事実前者よりも施政の結果において優れておったとしても、そは政権推移の大勢から観て単なる偶然の現象に過ぎぬ。後者の優秀ということが彼をして前者に代らしめた主要因ではないからである。もっとも昨今は腕力をもって政権争奪の武器とする時代は過ぎた。今日これに代って政界の大勢を左右すと観らるるものは「数」の力だ。ここにおいて今日の政治家は、昔の人が兵を養ったと同じ骨法で、民衆を地盤として培養することに腐心する。そこから瞞着《まんちやく》、誘惑、はては買収、強迫等の憎むべき奸手段が弄《もてあそ》ばれるのだとすれば、これまたいわゆる評価の基準を正義の観念とまったく分離するものではないか。最も正しいものが天下の料理を託さるるのではないからである。しかしてかかる忌むべき趨勢に反抗しこれが矯正を使命として起ったものが、実にわが民主主義の精神なのである。

民主主義と云うと、我が国ではこれを頑《かたく》なに歴史上の一潮流とのみ解してしまう人が多い。例えば民主主義の時代は過ぎて社会主義の時代に這入《はい》ったと云うが如きこれである。十九世紀の前半いわゆる第三階級が一般民衆の名をもって特権階級に権力の移譲を迫った運動に対し、史家は普通に民主主義の名称を付するのであるが、これをあるいは第三階級が一般大衆のためと称しその威力を利用して権力の譲渡を得たにかかわらず、やがてはこれを独占してかえって一般大衆を圧迫するの武器とした、彼らのいわゆる民主主義はブルジョア政権を確立するために大衆を欺瞞《ぎまん》するの役を勤めたものに外ならぬと解するあり、またあるいは第三階級は一旦政権を自家の手に握るやこれを広く一般大衆に分散するの義務を忘れ、遂に大衆の自覚的運動に迫られて今やその特恵的地位よりすべり落ちんとして居る、先に彼らを促して民衆運動の先頭に起《た》たしめた民主主義の精神は今や再び大衆自身の中に働いて第三階級の我儘を粉砕せんとして居ると解する者もある。民主主義を社会主義に代らるべきものと観るのも一つの見方だが、いわゆる民主主義の精神は社会主義そのものをも包擁し、近代政治の全過程に亙りこれを一貫する根本の重要原則だと考うる方が妥当の見解である。

もっとも民主主義は純然たる唯物的人生観とは全然両立するものではない。民主主義は人類の霊能の無限の発達を前提とする、したがってその判断は窮局において正しいはずだと決めてかかる。ただしこれには人類をして障碍《しょうがい》なくその当然の発達の道程を辿るを得しめなければならぬ、消極的には自由を保障し積極的には彼の活動を助長する諸般の施設を必要とする所以である。これらの用意を整えてさて一切の判断を彼らに托する、すなわち民衆多数の良しとする者をもって最善の経綸なりと決める。これを他の反面から云えば、自ら政権を争わんとする者をして民衆一般の良心の地盤の上に善を営むことを競争させるのである。かくて始めて誰が挙げられるかの評価の基準が全然我々の道義的意識と一致すると云える。すなわち腕力や瞞着やが始めて正義に取って代らるるわけである。これがすなわち民主主義の精神である。

しかしこの民主主義は近代立憲政治の世の中となってもなかなか理想的には行われない、絶えず歪められて行くことは普ねく人の知るところである。この点についても語りたいことは沢山あるが今は略する。しかしてこうした事実から自ら次の二つの現象が起った。一はますます注意を深うして民主主義の精神の徹底を期せんとする運動で、他は早くもその容易に行われ難きに諦めて民主主義的政治に反旗を翻さんとする運動である。その後者の重なるものに一時盛んに唱えられたサンジカリズム派の議会否認論やまたは根本的国家観念の鋳直しに発足する多元的議会説などもあったが、今日に残って最も吾人の耳目を聳《しょう》動《どう》するのは旧式の専制的善政主義にまでの復帰である、伊太利《イタリア》とロシアがその著しい例である。

つまり牽制機能の作用が鈍ると主動力が馬鹿に威張り出すという格好なのである。思う通りの政治が出来ない、出来ないのは牽制機関が邪魔になるからだ、善政を行いさえすればいいではないかと、紛乱の後にはとかく専制が行われがちなものである。伊太利はいわばムッソリニ一人の独裁専制、ロシアは無産階級の名をもってする少数共産派の寡頭専制、その専制なる所以に至っては同一である。もっともこの二国においてはあるいは一時の経過時代としてかくならねばならぬ必要があるのかも知れぬ。それにしても自家の抱負を有効迅速に行わしめんがためにいかに多くの犠牲が払われて居るかは今日においてもすでにあまりに明白な事実となった。いつまでもこれで押し通せるものかどうか、私にとっては大いなる疑問である。

私は私の結論に急ぐ。単にロシアや伊太利を学ばんとする者は論外だが、別に自家の抱負経綸の速やかなる実行に焦慮するのあまり、牽制機能の必要なる所以を忘れて、単に経綸実現のための有効なる手段方法のみを考うるのは、永い政治的経験の懇《ねんご》ろに吾人を訓《おし》えて特に慎戒を求むるところたるを切言したい。どうしたら自分の考えを一番有効に行えるか、これも政治運動にあたっては最も重大な点だ。しかし我々は同時に政界の客観的状勢をば常に最良最善の意見が実行の衝に上されるように導くの責任あることも忘れてはならない。近代政治において断じて看却するを許さざる最も根本的な一重要原則はむしろこの方だと謂っていい。

民主主義がわるいと軽くあしらう人のために敢てこの一小篇を作った次第である。

憲法と憲政の矛盾

●『中央公論』昭和四（一九二九）年十二月号

故伊藤公の憲法起草基本綱領

十月下旬国民新聞社主催で、伊藤公の遭難二十週年を紀念するための遺墨展覧会が東京上野自治館において開かれた。多大の骨董的価値を有するらしい書幅類も沢山あったが、主として私の興味を惹いたのは書翰その他の草稿類であった。なかんずく公が憲法制定の詔命を奉じ、いよいよその起案に取掛ろうと云う際、その補助具たる井上、伊東、金子の諸氏に書き示したと云ういわゆる基本綱領の草稿は、最も私の感興を唆《そそ》ったものであった。これは最近伊藤公爵家において故公の遺物整理の際、ふと反故類の中から発見されたものらしく、憲法の起案に直接の関係ありしと云う所から、伊藤家の当主博邦公より特に金子子爵に贈られたものである。子爵は本草稿と博邦公の手翰とを併せ、更に自ら詳細なる跋文を添えてこれを立派な一ト巻きに仕立て上げられて居るが、本草稿が憲法起草上の基本綱領としてあの当時示されたものだと云うことも実はこの金子子爵の跋文によって知り得たのである。

この一巻が特に私の注目を惹いた点は二つある。（一）は伊藤公が最も強く英国式のいわゆる「君主は君臨すれども統治せず」の政治原則を排撃し、天皇親政をもって国体の基本とすべきを力説せることで、（二）は金子子爵がこれをもって帝国憲法制定の根本精神となし、先年来よく唱えらるるいわゆる議会中心主義についてはこれを右の根本精神と相容《い》れざるものと認めらるるらしく切《しきり》にその流行を慨嘆せられて居ることとである。最近の我が国における憲政の運用が何と謂ってもいわゆる議会中心主義にかたまりつつあるは疑いを容れない、しかして憲法制定者たる伊藤公の起草当時の精神が前記基本綱領の示す如きものとすれば、今日の運用が憲法本来の精神と全然相容れぬこともまた明白である。金子子爵の跋文を添えて示されたる伊藤公の基本綱領は、右の事実を一層鮮明にして呉れる点において大いに我々の興味を惹くものである。

ちなみに云う、学友平塚篤君の編纂にかかる『伊藤博文秘録』（本年三月刊）の「六一＝帝国憲法と英国主義」（同書二二七頁）の条下に出て居る故公の手記は、右の基本綱領の初めの一部分ではないかと想像される。そうでないとしても、伊藤公の思想はまたこの文字によっても十分に窺うことが出来る。しかしてこれに対して加えられた金子子爵の註釈に至りては、いわゆる伊藤公の精神なるものの最も鮮明なる敷衍《ふえん》としてまたすこぶる注目に値するものである。子爵自身は流石に今日の憲政運用の実況をばそのいわゆる憲法の精神と相容れざるものとはッきり断言されては居ない。しかしあるいは憲政運用の実状を説明する世上流行の諸議論の中に許すべからざる「牽強附会の説」あることを遺憾とされ、またあるいは憲法の精神はその制定の沿革に遡ってこれを探求すべきであると主張される所などから観れば、言辞は婉曲であるけれども、やはり伊藤公の流れを汲み、今日の憲政をもって憲法の本旨に反すとする立場を執るものと謂わなければならない。

問題の輪廓

この問題に関して平素我々の考えて居る所の大要を摘記すれば次の如くである。

一、憲法制定者たる故伊藤公の執てもって帝国憲法の基本精神とせるものが今日謂う所の議会中心主義と全然相容れぬものたることは疑いない。

二、しかしながら実際上における憲法の運用は必ずしも伊藤公の予期せるが如き方向を取らなかった。憲法の運用によって作り上げらるる我が国の憲政は、公の解する憲法の原則に反してますますいわゆる議会中心主義の色彩を濃厚ならしめんとする。官僚の一派が頻《しき》りに伊藤公の解釈を金科玉条としてその趨勢を阻止せんとし、これに対してはまた政党側の猛烈なる反抗のあったことも、普《あま》ねく人の知る所である。

三、憲法の運用に関する実際政界における争闘は、やがて学界にも反映した。学問上における論点は主として左の三項に在ったと謂っていい。

イ、憲法の解釈はその制定者の意思によって拘束せらるるを要するや。伊藤公はかくかくの考えでこれこれの条目を定めたという。伊藤公の考えなるものは当該条目の意味を定めるについて肝要な参考材料たるべきは言を待たない。しかし作り上げられた憲法そのものは最早《もはや》伊藤公の意思とは全く独立の存在だ、制定者の意思によって膠柱《こうちゅう》的に制約さるべき性質のものではない。それは須《すべか》らく別に一般の理義によって解釈せらるるを要する。こういうと反対論者は直ちに抗弁する、そのいわゆる一般の理義とは西洋における経験が生んだ諸原則を謂うのだろう、日本の憲法は西洋慣行の翻訳ではない、その運用には日本独特の国情に基きて全く新しい原則の樹立を期待すべきであると。すなわち立憲政治の普遍性を無視し国体の特異を力説高調することによって、憲法解釈上の通説を抑えんとするのである。しかしてこれに関連して伊藤公はいつも憲法の制定起草に当り特に日本の国体を精察し、これに基く独特の方針を建てた人として引合に出される。

ロ、議会中心主義は帝国憲法の条章に反するや。反すると云ったのは伊藤公一流の解釈である。これを離れて虚心に帝国憲法の条文を逐読して見るに、どこにも議会中心主義を排斥する意味の個条はない。もっとも議会中心主義を徹底するに都合の好くないと云うような個条が二、三ないではない。そうかと云って議会中心主義を排斥する意味の皇室中心主義の憲法とも認むべからざるは、この皇室中心主義を徹底するに不便な個条がまた同じく二、三あることによって明らかである。要するに憲法制定に関する主権者本来の意思は、議会中心主義と対立反撥する意味での皇室中心主義に拠《よ》るつもりでなかったのであろう。果してしからば議会中心主義は伊藤公の素志とは相容れぬが、本来我が憲法その物と相背くものではないのである。

ハ、議会中心主義は憲法上君主の大権と相悖《もと》ることなきや。すでに憲法の条章と反せずと云えば、その憲法上の大権と相悖ることなきは言うまでもない。して見れば議会中心主義を排斥する意味の皇室中心主義というが如きは、本来憲法上の観念ではないのである。議会中心主義の排斥はいわば人民参政の排斥である、人民参政の排斥は天皇統治権の絶対不可侵の極限的標徴である。この意味での皇室中心主義は日本の国体の基本的説明としては当って居る、この点については何人も疑いを挿むものはあるまい。しかしてこの絶対不可侵の統治権を有し給う君主が、特に憲法を賜うてその統治権の行使を一定の法則に依らしむべきを宣明されたのである。憲法そのものを君主がお廃《や》めになると云うのであれば皇室中心主義の国体上如何ともすることは出来ぬのであるけれども、苟《いやし》くも憲法を前に置いての話であれば、些少でも君主の地位を拘束するという故をもって議会中心主義を非議するは当らない。拘束が悪いのではない、その拘束が君主自ら宣示し給える憲法上の拘束の範囲内のものなりや否やが問題となるのである。もしそれがいわゆる憲法的拘束の範囲内のものであれば、それは決して君主をもって統治権の総攬者とする憲法上の重要原則と反するものではない。憲法の範囲内における皇室中心主義は断じて議会中心主義と相轢《きし》るものではないのである。憲法の運用に関しての議会中心主義を論ずるに当り、憲法を超越した国体論上の皇室中心主義を対立せしめるのは、土台間違って居る。この意味の皇室中心主義を持て来るなら、これと両立せざるものは独り議会中心主義ばかりではない、何よりも先に憲法そのものが徹頭徹尾これと相容れずと謂わなければなるまい。

以上の説明は、簡単ながら学問上の争点を明らかにしたと同時にほぼ今日における学界の帰趨をも語り得たと考える。しかして説いて見れば簡単だが、そうした解決に落付くまでには実は相当の長い時間を要したのであった。論争の先端に立った主なる人を尋ぬれば、古くは穂積八束対有賀長雄、中頃は穂積先生に対して美濃部博士が戦いを挑まれ、前者に代って上杉慎吉博士が起つに至って論争は白熱化した。しかして大正年代の始めに及んでこの憲法上の議論は漸くほぼ定まる所を見たのである。こんな分り切った問題がその解決にかくも長い時間を要した所に、いわゆる独特の国情の看過すべからざる所以《ゆえん》が存し、その同じ理由がまた憲法新解釈の闘士美濃部博士をして時に種々の意味の身辺の危険を感ぜしめたことであろうと察する。いずれにしても憲法解釈の学理上における紛争の論定については、外にも沢山の関係者はあるが、まず第一に美濃部達吉博士の功労を推さなければならない。

四、学界における解決が実際政界における在来の動きを幾分助長促進したるべきはこれまた想像に難くない。しかしながら学界において最早疑いがないとされて居ることがすべて実際政界においても同様に疑いないと容《ゆる》されて居るかといえば、我々は今更ながら大いに幻滅の感を抱かざるを得ない。すなわち実際政界においては今なお議会中心主義に対する確信が十分ならず、したがってこれが徹底のためにする必要な努力が等閑に附せられ、甚しきは謬《あやま》った皇室中心主義の横行に対する闘志をすら鈍らすものがあるのを見る。それだけ我々は、実際政界に在っては学界の風潮よりの影響にもかかわらずいわゆる皇室中心主義の勢力の依然として容易に抜くべからざるものあるを認めないわけには行かないのである。もっとも考えて見れば実はこれにもよって来る所のすこぶる遠いものがあるようだ。

伊藤公自身が熱心なる皇室中心主義の信奉者であったこと、この考えに基いて彼がその制定せる憲法を運用せんと試みたこと、同時に彼がまたその独特の憲法理論を有識階級の間に普及せしめんがために非常に骨折ったこと、ならびに彼の僚友たるいわゆる元勲諸公の大多数が実に彼に輪をかけた程の該主義の盲目的信徒であったこと等も、看過すべからざる原因に算《かぞ》えねばならぬが、何よりも大事なのは、右の考えが幾分憲法成文の上に制度的具現を見て居ると云うことであろう。そのことは後に詳述するが、とにかく我が国現在の憲政の運用は、右等の事実によりて、今日現に理路の徹底した安定を得兼ねて居るような状態にある。もとより憲法理論の方面の問題としては、多くの疑問は疾《と》うの昔に解決されて居るといえる。したがって今頃こんな提案をする私の態度を評してあるいは陳腐の議論を蒸し返すと難ずる人があるかも知れぬ。しかし現在の憲政が事実如何の基礎の上に運用されて居るかを明らかにする立場から云えば、この論題を紹述するはむしろ焦眉の急と謂うべきであろう。民衆政治を確立すべき基礎的地盤の構成を知らずしては、なんらの具体的改革案も立て得ざるべきをもってである。

五、以上の説明は自《おのずか》ら私をして次の結論に到達せしめる。

イ、故伊藤公の解するが如きが帝国憲法の真髄だとすれば、我が国今日の憲政の運用は全然右の真髄と相容れない、すなわち憲法と憲政の矛盾を叫ばざるべからざる所以である。

ロ、伊藤公の解するが如きを帝国憲法の正しき解釈と信ずる者は、我が国憲政の現状をば絶対に容認し得ぬはずである。したがってこれらの人達に向っては、いかなるが正しい憲政の運用なるかの詳細なる宣明提示が需《もと》められなければならぬ。

ハ、憲政運用の現状に対し敢て排撃の熱意を示すにあらず、議会中心主義の徹底を目的とする各種の政治改革に対し偶発的に伊藤公の制定の精神などを云々して毎時その阻止を謀るが如き事程、政界を毒するものはない。右か左か態度をいずれかに決めて、憲政進展の途《みち》を坦々たる大道たらしむることは我々国民の切なる願いである。

皇室中心主義と議会中心主義

日本の国体を説明する主義として、皇室中心主義以外の何物をも認むべからざることは前にも述べた通りである。これと議会中心主義との対立の論ぜらるるは実は憲法の埒《らち》内においてのことである。しかして憲法の埒内においても本来この二つの主義は理論上相反撥すべきものではないのであるが、従来我が国においてこれが相轢るものとして取扱われたのには、またよって来る所の淵源があると思う。私の考えでは、名を皇室中心主義と議会中心主義との争いに藉《か》るも、本当の所は全く異なった二つの政治主義がこうした変装の下に烈しく鎬《しのぎ》を削ったものと認むるのである。そは何かと云うに官僚主義と民衆主義との対抗がすなわちこれである。

一、議会中心主義とは何か。形から云えば議会において国民を代表する優秀の勢力にもっぱら君主輔翼の大任を託することである、精神から云えば君主が二、三側近の臣僚とのみ事を諮《はか》らず国民全衆と共に社稷《しやしょく》の大計を籌劃《ちゅうかく》することである。君民一体の理想はこの主義を徹底することによってのみ達成せらるるとされる。

二、議会中心主義の確立は大政親裁の君主の権能を拘束するが故に非なりとする議論がある。この議論を徹底すれば、君主は絶対に御相談相手をもつべきでないと云う結論に到達せざるを得ない。維新当時、国政と云うものを極めて小規模に考え、須らく神武天皇の初政に倣《なら》うべしなどと文字通りの御親政を主張した者もあったが、それでも左右輔翼の臣僚を全然認めぬ程の趣旨であったかどうか判らない。国務の複雑を極むる今日、何人《なんぴと》を挙げて君主の御相談相手たらしむべきかの一つの制度として組織立てらるることは最早絶対の必要である。故に議会中心主義の排斥は、他にこれに代るべき君主輔翼の機関を予想せずしては全く意義を為さぬのである。

三、君主裁政の輔翼に関し議会主義（すなわち民衆主義）と対立するものは官僚主義である。すなわち議会主義に取って争いの相手は本来官僚主義の外にはない。議会主義はこれまでその闘わざるべからざる戦においてしばしば君主の大権に弓引くものとして呵責《かしやく》された、しかも結果においては、その進出によって追い詰められたものは常に官僚主義であり、君主の大権はこれによってむしろますます輝きを増して居るではないか。

四、故に私は曰う、日本の政界において皇室中心主義と議会中心主義との対立というものはあり得ない。もし対立抗争がありとすれば、そはただ民衆主義と官僚主義とのせり合いのみである。

そう云ってしまえば問題は極めて簡単に見える。皇室中心主義などと云えば談自ら宮中のことにも亙るので軽々に論じ去り得ぬようの感もするが、民衆主義の対手《あいて》が官僚主義だとなれば、こんなものに一向遠慮する必要はないと云うことになる。いわゆる鎧袖《がいしゅう》一触たちまちこれを粉砕し得べきのみと考うるだろうが、しかし事実はなかなかそうは行かないのである。往来自在一切関門は撤廃したと聞いて馳け出して見ると、到る処でやはり意外の障碍《しょうがい》に遭逢すると云う風のことが今なおすこぶる多いのだ。振り揚げて見た拳《こぶし》の収めようがなく今更困って居るらしい政党政治家の態度を意気地がないなどと罵るのは情義に通ぜざる局外者の放言に過ぎず、多少でも元老ならびにこれに準ずべき古参官僚の政界に占むる現実の立場を知る者は、むしろ簡単であるはずの問題の実際決して爾《しか》く簡単でないことに驚くであろう。

伝統としての皇室中心主義

日本人に取って実は皇室中心主義という文字は、たといそれが謬った意味に用いられても、一応は無批判に受容されやすい。したがって政治上の論争にこの文字を引援するは一面甚だ卑怯な仕打であるが、他面またすこぶる有効な戦術と謂わねばならぬ。しかしてこれは深い思慮を欠く俗人に軽々しく受容れられるように、憲法上の理論の攻明の精密ならざる、また政治上の論究の未だ幼稚なりし時代において、相当の識者からまたなるほどと迎えられたことに不思議はあるまい。私は先に皇室中心主義なる言葉は官僚主義の政治家がその専制的立場の擁護のためにこれを利用したと述べた。もとよりこの事実に間違いはないが、それは専制的立場を擁護し民衆的干与の風潮を阻まんがために意識的に按出されたと云う意味ではない。誤解より起ったにしろ何にしろ、皇室中心主義の思想とこれを政治上の重要原則たらしむべしとの決意は実は早くからあったと思うのである。すでに在ったものを意識的に利用したと観てもいいが、少なくともすでに在ったものが自ら専制擁護の具となった事実は掩《おお》い難い。これを要するに、いわゆる皇室中心主義は夙《はや》くからすでに政界に在っては一種の伝統として一部識者の精神を支配して居ったのである。この事実を前提せなければ、それが専制主義の擁護のために長い間異常の働きを示した理由が解せられない。

日本人に対《むか》って米飯をやめてパンを常食とさせることは非常にむずかしい、パンを食べるな米食で結構という主意を貫くことは一挙手一投足の労に過ぎぬ。専制政治家が皇室中心主義を楯に取って民衆主義の侵蝕を防いだのは、パンを食べるなと云った程の単純な仕事であったかどうかは問題だが、少なくとも専制主義を向うに廻しての民衆主義者の仕事に至っては、米を棄ててパンに就かしむる底《てい》の難事業たることは疑いない。流石に昭和の今日はそれ程のことはあるまいが、それでも去年の春、政友会内閣の有力なる高官の口から議会中心主義排撃の堂々と宣明せられた事実などを思い合すれば、民間における過去の伝統の渝《かわ》る所なき潜勢力を今更ながら驚視せざるを得ない。専制主義が理において民衆の利害と結局相容れぬものたるはもちろんである。不幸にして官僚政治家の我々に課した長い間の劃一的教育方針は、この点において民衆の良心を手際よく痲痺《まひ》してしまった。もしそれ一般官吏の階級に至っては、近頃政党的勢力の侵入の結果として、幾分の変調を示して居るとは云え、思想的にこれを概観すれば、純粋なる民衆主義をよろこばざる点においてその古参官僚と全然その類を同じうするものではないか。

以上の事実は何を語るか。謂う所の皇室中心主義なる観念は、その内容の深く吟味せられずして、漠然官界ならびに一般民間に一種の伝統として残って居ることを証するものではないか。しかして現に在るものを除去するは、全く新しいものを植え付ける以上に困難なることが多い。伝統として残されたる皇室中心主義は、今日の時勢から観て若干の訂正を要すべきものとしても、事すこぶる微妙の機に触るるものある所から、迂闊《うかつ》に手を染めると往々にしてとんでもない誤解を惹起《ひきおこ》すことなきにあらず、現に私もこれがためにしばしば奇禍を買わんとした経験をもって居るが、いずれにしてもそうした危険を冒すことなしに明白適切なる論究を竭《つく》し難き問題なるだけ、漠然たる観念は漠然たるままに放置さると云う傾きがないでない。これにおいて官僚主義は得たり賢しと乗ずべき間隙を見出して、頻りに自家の立場をこれによって擁護せんとはかる。理論上の問題としては疾《とっ》くの昔に解決されたことでありながら、実際政治家に取って憲政の正しい確立を期する前途にはまだなかなかの苦労の種は多いのである。したがって憲政の真正なる確立を期するには、今日なお政界の一隅に蟠居《ばんきょ》して相当の勢力を占むる専制主義を始末することによりて民衆主義を徹底することを必要とし、この仕事を順調に進むるためにはまず専制主義者のややもすれば藉りてもって対抗の武器とする所の皇室中心主義そのものに精密なる検討を加えなければならぬ。しかしてこれの如きはまた同時に真乎の皇室中心主義の意義を発揚する所以でもあると私は考える。

いわゆる皇室中心主義の由来

『明治聖上と臣高行』と云う本がある（昭和三年一月刊）。佐々木高行侯の遺《のこ》せる日記等に拠りて編める侯の伝記であるが、侯は明治天皇御在世中最も多く至尊に近侍した関係から聖上の御内行に関する記事も多いので、前記の如く題したものであろう。さてこの書中、明治十一年五月大久保利通暗殺当時のことを叙した部分に次のようなことが書いてある。当時侯は一等侍補であった。侍補とは君徳培養のために置かれた官職で、一等が四人、二等侍補が二人、三等侍補が四人あった。さて侍補一同会合の席において侯は左の如き提議をしたという。曰く「大久保を殺せる島田一郎等の斬姦状中に、今日の日本の政治は上は聖旨に出づるにあらず下は人民の公論に由るにあらず独り要路の官吏数人の臆断専決する所にありとあり。是れ方今天下一般の論ずる所にして事実果して然り。故に今日は最早真に御親政の御実行なくては不可なり。欧洲の如く上下両院の設けられたる国にても国王が政治に力を入れざれば行はれ難きに、況《いわ》んや我帝国に於ては猶更の事なり。維新の大業より郡県の制度に運び又西郷の如き人望ある英傑が事を起すも朝敵の名を得て滅亡せり、皆是れ大義名分より成れる事なれば、万機御親政の御実行こそ肝要なれ。故に侍補一同身命を顧みず　聖上へ十分意見を言上し、屹度《きっと》御責め申上ぐる事が臣子の職分ならん」。他の侍補はみなこれに同意する。よって直ちに　聖上の御前に出でて拝謁を賜り、最初に侯は次の意味を奏上した。「今日御親政の体裁なれども事実は内閣大臣へ御委任なれば、自然天下一般も二三大臣の政治と認め居れり。既に彼の島田一郎等が斬姦状も天覧あらせられたる如くこの点を指摘痛論せり。就ては今日より屹度御憤発あり、真に御親政の御実行を挙げさせ、内外の事情にも十分御通じなくては、維新の御大業も恐れながら水泡画餅に帰すべし云々」。次で吉井友実《ともざね》、土方久元、高崎正風もそれぞれ進言する所あったが、米田虎雄の如きは「平素御馬術を好ませ給ふほどに政治上に叡慮を注がせ給はば、今日の如く世上より二三大臣の政治などと言はるる事はあるまじくと常に苦慮仕り居れり」とまで言上したそうだ。聖上にはこれらの直諫《ちょっかん》に聊《いささ》かも怒り給う御気色なく、かえって竜顔うるわしく「一同が申出でたる事は至極尤もなり、是より屹度注意致すべし、猶気付きたる事あらば遠慮なく申出で呉れよ」との辱《かたじ》けなき御言葉をさえ賜った。かくて侍補一同はこの顚末を更《あらた》めて大臣参議に報告したが、四、五日を経て三条太政大臣より、「御親政の御実行とて先づ差当り内閣に日々臨御、大臣参議等万機の事務を議するを親しく聞かせらるるやう今日御座席を設くる事となれり、時々各省へも親臨あり政務を御閲覧あらせらるる事に内決せり云々」との通牒に接したと云うことである（同書四〇七―四一一頁）。

以上はただ一例を挙げたに過ぎぬ、同じような例を探せば外に幾らもあるが煩わしいから略する。要はこれによりて、当時時勢の必要が一面において一種の天皇親政論を為政階級の間に鬱勃《うつぼつ》と醞醸《うんじょう》せしめつつあったことを知れば足りる。二、三大臣の専権と云うことは、板垣退助等の民選議院建白中の「臣等伏シテ方今政権ノ帰スル所ヲ察スルニ上ミ帝室ニ在ラズ下モ人民ニ在ラズ　而《しこうして》独《ひとり》有司ニ帰ス」の文字以来、政府反対派の常に口癖に云う所である。殊に西郷の乱以来はこの点に関する民間狂熱の志士の昂憤は甚しく、遂に君側の佞姦《ねいかん》を除くと云う名義の下に大久保の暗殺を見るにまで至ったのである。この事実に直面して、宮中に奉侍せる人々の間に「他人委《ま》かせだからこんな不平も起る、至尊親《みずか》ら政を執らせ給うのであったら決して面倒は起らなかったろう」と考うるに至るはまた怪しむに足らない。至尊を直接責任の衝に当らしめ奉るが恐れ多いと云うような思想は、当時の政治家には未だ思い及ばれては居なかったのである。

天皇の政治上の地位に関しては、当時民間の識者階級にあまりはっきりした考えはなかったように思う。日本が万世一系の天皇を戴く世界に比類なき帝国であること、したがって天皇は日本を治むる唯一の主であり、国の内外に対するすべての権力の源が天皇御一人に存することについては、何人も疑うものはない。ただ政権の実際の運用と云う問題になると、現《いま》に至尊の幼冲《ようちゅう》に在す事実を承知して居るから、そのもっぱらいわゆる廟堂諸公の方針に出ずるものなることは初めから世間の予定して掛る所である。これ一面において有司専制の叫ばれ寡人政治の弊の説かるる所以であった。故に民間の問題としては、政権を一部官僚の擅有《せんゆう》に委すべきかまたは広く一般の公議輿論に分散すべきかの利害得失の論あるのみであって、これに対する天皇の地位と云うが如きはほとんど全く考え及ばなかったのである。国体論の範囲においてはもとより絶えず天皇のことが第一に説かれる。政治論の範囲において天皇に論及せるは、私の知る限りにおいてはその頃僅かに福地源一郎あるを数え得るに過ぎぬようだ。もっともこれは少し年代が後になる、明治十四年春のことだ。彼は東京日日新聞に連載せる「国憲意見」なる長論文の中において、「夫《そ》レ権ノ帰スル所ハ責ノ帰スル所タリ、其権アリテ其責ナクバ国民ハ何ニ由テ其身ヲ安ジ其自由ヲ享クルヲ得ンヤ、若シ叡慮ノマニマニ万機ヲシロシ召サバ恐ナガラその責ハ帝位ニ帰シ、其激迫スルニ際シテハ帝統神種天皇神聖ノ大義モ国民コレヲ顧ルノ遑《いとま》ナキニ至ランモ計リ難シ、吾曹《われら》ガ夙夜憂懼《しゆくやゆうく》シテ措《お》ク能《あた》ハザルハ実ニ此事ニ候ナリ、……是故ニ君民同治ノ政体ヲ建ルニ当リテハ、国民ニ対シテハ大臣都《すべ》テ政治ノ責ニ任ズベシト制定シ、聖天子ハ人望ノ帰スル者ヲ選ビテ大臣ニ任ジ、人望ニ背クノ大臣ハ之ヲ退ケ、一ニ輿論ノ由ル所ニ従テ社稷ノ重臣ヲ定メ以テ国民ノ責任ニ当ラシメ給フベシ、然ル時ハ国民ハ政治ノ得喪ニ責任ノ人アルヲ知リ、帝位ハ国民ノ休戚ニ怨府タルコトナク、万世一系ノ帝統ハ天壌ト倶ニ不窮ニ継承セラレ給ハンコト疑ヲ容レザル也」と喝破したのである。実際の施政に対してはいついかなる場合でも一部の不平は絶えぬ、この不平に対する責任の衝に至尊を当らしめ奉っては相成らぬと云うは、今日でこそ一点の異議を容《ゆる》さざる政治的格言と見做《みな》されるれ、明治十年代に在っては実は一種の翻訳思想以外の何物でもなかったのである。一般の人達は至尊と政治との関係を頓と看却して居ったことは前にも述べた通り、もしこれを念頭に置いた者があるとすれば、そはむしろ至尊が直接に表面に乗り出し給うたら不平もきっとなくなるだろうと云う考えであったのだ。福地の立言は、一読書子の卓見と聴くべく、当時の輿論を代表するの論説とは認め難い。

しかのみならず一種の天皇親政論は維新以来の元勲諸公の主たる目標の一つでもあった。大勢とは云いながら多少無理押しで樹《た》てた明治政府を、一日も早く内外に対する強力な組織たらしむるには、名実共に皇室を国民渇仰の中心とすることが緊急の必要であった。かくして天皇の教育ということは早くから元勲諸公の熱心せる所であり、中にも大久保利通はこの点について最も大なる献替の功をいたしたのである。且つこの方針は彼らの精神的薫育の基礎たる封建イデオロギーに合致するものであることもちょっと注意を要する。国家の興隆すると否とは上に立つ者その人を得ると否とに倚《よ》る。民をして知らしめずただ依らしむるのみの時代に在ってこのことの大切なるは云うを待たないが、この政治思想が時勢を離れた独立の主義としてその後永く彼らの精神をも支配したるべきは疑いなく、秩序の未だ十分に整わざりし当時に在ってはまた実に大いにその必要もあったのであろう。大久保の推挙により明治天皇の師傅《しふ》として召された元田永孚《ながざね》の書き遺したものなどを見ると、彼を始め当時の元勲諸公が、いかに至尊をして一日も早く万機を親裁し国威を内外に拡張するの英主たらしめんことに苦心したかが能く分る。

そこで私は考える、天皇と政治との関係に考え及ぶ限り、天皇親政論は当時の為政階級間の常識であった、かの福地の所論の如きは、僅かに西洋の文物制度に通ずる少数先覚の士の信奉せるものに過ぎなかったのであろうと。

天皇親政論と専制主義との協合

天皇親政論が君徳を培養して名実共に万世に輝く英明の君を拝したいと云う趣旨に根ざすまではいい。天皇は大政を親裁する、大政親裁の自由を妨げ奉ってはならぬからとて、民情の上達を阻もうと云うことになって問題は紛糾する。天皇親政論は専制主義の政治的武器として取上げられてより著しく歪められたことを認めざるを得ぬ。

政治史上の問題として明治初年における民衆主義と専制主義との消長は特に精密なる考察を加うるの必要があると思う。私は従来の考え方を惜し気なく一擲《いってき》し、具体的事実の査察の上に全く研究を仕直すの必要があろうとさえ考えて居る。日本の国民性等から考えれば、すでに五条の御誓文にも現れて居るが如く、民衆主義者の要求する公議政体が帝国の当《まさ》に執るべき体制たるに疑いはない。しかしながら明治政府成立の具体的事実と、直前の過去に三百年の長きに亙る封建時代を有せし現実の関係とに想到すれば、一般人民の側に必要なる根本的訓練を欠くの点をしばらく度外に措くも、直ちに万機を公論に決し難きの事情なるは火を睹《み》るよりも明白だ。薩長閥族をしていわゆる集権主義の無遠慮なる実行者たらしめ、他藩出身者の自ら分権主義をもってこれに対抗するに至りしは、理義の争いと云うよりはむしろ多分に史的趨勢に駆られた結果たるを認めざるを得ない。いずれにしても私は公平に観て、当時の日本にはまだまだ集権主義すなわち専制主義が必要とされたのではなかったかと考える。西南戦争以後民権運動の急激なる進展に狼狽して不当に専制主義の鋒先を鋭からしめたるの過失はあるも、とにかく我が国が民権論者の要求に聴き早きに過ぎて議会を開設せざりしはむしろこれを幸福とすべきであると考うるものである。

かくして私は明治時代の初期における民衆主義と専制主義との対立を認め、しかしてその両者にそれぞれ存在の理由あったことをも認めるものである。そこで私は問題を一転する。彼らはその戦いにおいて何を攻防の武器としたか。民衆主義の方は問題外だからしばらく議論の外に置く、専制主義は維新の当初五条の御誓文を翼賛した責任があり、且つ早くから開明新政を施くべきを宣言し来れる手前、無下《むげ》に民間の要求を斥けることは出来ない（封建時代軽い身分であったいわゆる維新の功臣達が、ややもすれば投げ掛けられる旧藩時代の主公または上官よりの批議《ママ》に対し、自分達は公議輿論を代表するものだと抗弁して僅かに安じ得たとの話もこの際看過してはならぬ）。そのために絶えず妥協綏譲《ママ》を余儀なくされたことは西南戦役前二、三年の歴史の上にも明白だが、遂に漸く擡頭し来れる天皇親政論を引援することによって彼らは百万の援兵にも勝る堅塁を築き上ぐるに成功したのである。このことについてはまず主として伊藤公その人の当時における政治的体験を観察し、その体験に基いて自ら彼の脳中に発達せる政治思想を精細に剖判《ほうはん》するの必要あり。次ではこれらの思想方面において彼の帷幄《いあく》に参した井上毅ならびに井上を通してかなりの影響を与えた内閣顧問御雇独逸《ドイツ》人ロエスレル等のことなども攻究せねばならぬと思うが、これらは皆別の機会に譲ることにする。ここにはただ天皇親政論が専制主義者の利用する所となりていかにその内容を変化したかを呑み込んで貰えばいい。

天皇の御親政、それは誠に結構なことだ。しかし専制主義者は民衆主義と相容れぬものとして天皇親政論を振りかざしたのである。天皇御親政と聞いて民衆主義者も一時は喜んでこれを迎えたが、だからお前方の言い分は聴かれぬぞと宣告されては、呆然として羊頭狗肉の感に打たれざるを得なかった。専制主義者は頻りに英国の憲法を引いて議会中心主義の我が国体と相容れぬことを云々する。英国と我が国とその建国の体制を同じうせざるはもとより論ずるまでもない。ただその憲政の運用を説くにあたって、元来成文の憲法法典を欠き且つ物事を率直に言い去る癖のある英国士人の憲法論の文句を引いて、これを我が国の成典と機械的に対照するが如きは、果して親切なる研究法と云い得るだろうか。現に英国に在っても種々の事例を引いて実際政治に及ぼす皇室の勢力の意外に大なるを説くの著述は早くからあった。伊藤公の英国憲法観の如きは今日より判じてもとより正当の見解とは云え得ぬが、とにかく彼はこれを痛烈に排撃することによって我が国天皇の政治的地位は始めて安全に保護し得ると考えたのだから仕方がない。いずくんぞ知らん、これによって保護せらるるは実は天皇の地位ではなくして官僚の専制的立場であったのだ。もっとも当時の形勢において官僚の立場の擁護が天皇の地位の安固と共に両々必要とさるべき理由のあったことは事実である。

伊藤公などが官僚の利害と皇室の利害とを混同して考えたということについても一応はこれを諒とすべき理由もある。一体万機公論に決するの上下心を一にして盛んに経綸を行うの庶民に至るまで各その志を遂げしむるのと云うても、当年の政治家が腹の底までこうした新しい思想に浸透され切っていたと見るのは間違いである。現に五条の誓文の宣揚と相前後して、新政府は旧幕時代の法則をそのまま踏襲して全然封建的な徒党・強訴・逃散の禁を発令して居るではないか。開明の新政に従来の面目を一変せんとするの意気込みは盛んであるから、そうと気づけば一応は何でも新しきに就くの態度は失わない、しかしながら長い間に養われた伝統や因襲やは一朝一夕にしてこれを取去り得るものではないのだ。こういう所から、彼らは口では安価に君民一体の理想を説けど、腹ではどうしても支配者被支配者の階級的対立を当然の事実として前提せざるを得なかったのである。百姓町人は治められる階級、皇室を中心とする自分達の一団は治める階級。新しい政治とは治めらる階級の意向をも聞いてやることだとまでは知っているが、しかしこれによって彼ら為政者の期待する所は、かくして百姓町人も自分達の誠意を知ってくれ、昔のように公事に無関心な態度は棄ててこれからは進んで政府の施設に翼賛するだろうという位のことであった、すなわち民に知らしむるは民の協戮《きょうりく》を待つ所以。かくて始めて君民一体となって国基を振興するの本源は立つと考えたのだ。されば維新当初時の政府者は、いろいろの手段を講じては民情開発に熱中したものであった。幸いにして当時の百姓町人は未だ全く封建時代の遺風を脱せず、公事に対しては勝手の批評を慎むべきものと心得ていたから、腹にいかなる不平不満があっても容易にこれを口に出さず、口にするものはただ紋切型の政府礼讃に過ぎなかったので、政府者に取ってもしばらくはこの民情開発方針の継続をもって自家に不便なものとは気づかなかった。しかしながらかくの如きはそう永く続くものではない。一旦口輪を解かれた百姓町人はいつまでも偽善的従順の徳を守ろうとせぬ。いわんや外の諸種の事情は更に一層自由批判の風潮を彼らの間に激迫せるものありしにおいてをや。かくして明治十年代の形勢になると、事実において民間と廟堂の対立は避け難きものとなった。真に心ある者は、この対立抗争を余儀なきものと見做し、しかしてむしろ皇室をば速かにこの争いから超然たらしむるよう工夫すべきであったのに、当時の政治家は残念ながら思いここに及ばず、民間の勢力をもって一図に皇室と利害相反するものなるかに看得し、前者の進出に対して、後者を保護せんがために特別の施設を必要なりとさえ考うるに至った。いわゆる皇室の藩屏《はんぺい》なる言葉の如きは最も適確にこの観念を現すものである。百姓町人を飽くまで領主と相対立する固定階級と見、いわゆる仁政と云うが如きも畢竟は前者の利福のために後者が自発的に多少の犠牲を忍ぶことだと観じ、治める者治めらるる者の利害の渾一と云うことについて更に説く所のなかった封建時代の教養に培われた当時の政治家達に取って、右の如き思想があらゆる政治方針の前提となるのはまた已むを得ないことでもあろう。

伊藤公の憲法起草の精神

伊藤公がその専制的立場を擁護せんがために意識的に天皇親政論を引援したと云うのは恐らく誣言《ぶげん》であろう。けれども彼は一団の政友属僚を率いて至尊に側近し、高く障壁を築いて容易に局外者をして近づき窺うを得しめず、独り自ら至尊に訴えまたその詔命を奉じて天下に号令し、これをもって日本国体の真髄たる天皇親政の実を挙げ得たと信ぜしことは疑いない。これらの事実は『伊藤博文秘録』を見てもよく分る。しかし何よりも明らかに伊藤公のこの思想を示すものは、彼がその自ら起草せる帝国憲法に与えたる註解である。私はその一つの例として枢密院に関する部分を引いて見よう。

伊藤公はその著『憲法義解』第四章の解説において次のように述べて居る。「国務大臣ハ輔弼《ほひつ》ノ任ニ居リ詔命ヲ宣奉シ政務ヲ施行ス、而シテ枢密顧問ハ重要ノ諮詢《しじゅん》ニ応ヘ枢密ノ謀議ヲ展《の》ブ、皆天皇最高ノ輔翼タルモノナリ」と。すなわち公は施政最高の実権は至尊儼《げん》としてこれを握り給い、しかして右には枢密顧問を率いて事を諮り、左には国務大臣に命を伝えて万機を行わしむるの制度を眼中に置いてあったのである。これ取も直さず天皇親政をもって帝国憲法の根軸となすの見解ではないか。

世間には枢密院をもって、もと憲法審議のために設けられた臨時の機関であるかに説くものがある。憲法の草案が出来た突然公布するよりも一応相当の機関に諮った方がいいと云うので、急に枢密院を作ったと云う歴史はある。しかし単にそれだけの目的で出来たものだから、当てがわれた仕事が済んだら直ちに廃さるべきであったと考うるのは大なる誤りである。もっとも枢密院存続の可否と云う根本論ならまた別問題だ。憲法上の制度としての枢密院は、すでに憲法草案にも予定されてあったので、憲法によって作らるべきものが便宜上憲法に先立って作られたというに過ぎぬのである。憲法に先立って作られたことは、もとより憲法審議のために相違ないが、すでに作られた枢密院は、憲法の確定と共にこれに基いて種々重要の職務をもつことになったのである。しかして制定者たる伊藤公の解する所によれば、国務大臣は単に君主の詔命を奉じて大政の施行に当るものに過ぎず、したがってそのいわゆる輔弼は詔命の執行に限らるるのであるから、外に詔命そのものの構成に付て君主を輔翼するものがなくてはならぬ、それが枢密院だというのである。『憲法義解』は更にこの点を一層明白に説いて居る。曰く「蓋《けだし》内閣大臣ハ内外ノ局ニ当リ敏急捷活以テ事機ニ応ズ、而シテ優裕静暇思ヲ潜メ慮ヲ凝シ之ヲ今古ニ考ヘ之ヲ学理ニ照シ永図ヲ籌畫《ちゆうかく》シ制作ニ従事スルニ至テハ別ニ専局ヲ設ケ練達学識其ノ人ヲ得テ之ニ倚任セザルベカラズ、此レ乃《すなわ》チ他ノ人事ト均シク一般ノ常則ニ従ヒ二種要素各其ノ業ヲ分ツナリ。蓋君主ハ其ノ天職ヲ行フニ当リ、謀リテ而シテ後之ヲ断ゼムトス。即チ枢密顧問ノ設実ニ内閣ト倶ニ憲法上至高ノ輔翼タラザルコトヲ得ズ」と。

以上も一例に過ぎぬが、これだけによっても伊藤公がいかなる主義に基いて我が帝国憲法を起草されたかが分るだろう。伊藤公自身は本来すこぶる淡懐の人柄であり、客に接するにも城府を設けず、用うるに足るの人材と見れば門地郷貫を問わずどんどん抜擢したと云うから、彼によって率いらるる為政階級は、年を経るに従って大いにその内容を民衆化するの可能性はある。現に、これ一つにはまた時勢の影響でもあったが、いわゆる藩閥の内容の憲法発布前後に至って初期のそれに比し著しく改鋳せられて居ったことも争えない。しかしながらそれでも天皇親政を伊藤公の解するがままに執って旗幟とする限り、結局の実権は至尊側近の二、三者に帰し、そが果して帝国将来の政治のために得策なりや否やが永く疑問たらざるを得ないのである。いずれにしても私共は、伊藤公の解する所の憲法の何物たりやについては十分明白なる認識を把持することを必要とする、しかしてこの種の憲法観が多くの先輩政治家間に安価に承認され、または少なくとも無遠慮にこれを批判するを憚《はばか》られて居る所以についても、一応の理解をもつは極めて必要のことと考える。

附記、枢密院の政治的地位については昭和二年六月の本誌において多少綿密なる研究を公にしたことがある。近く公刊さるべき小著『憲政の運用』中にも収めるつもりだが、ついて御参照下さらば幸甚とする。

結論

始めからことわって置いた通り、私はこの小論文において憲法ならびに憲政に関する学問上の理論を説こうとするのではない。学問上では疾うの昔に解決がついたのであるけれども、いわゆる伊藤公の憲法精神なるものが不思議に政界の一角に居然たる勢力を占め、現に運用されて居る憲政の活用に対して一種異常の牽制力を発揮するの事実をば、実際政治上の一重要問題として国民の眼前に展開せんと欲するに過ぎぬのである。例えば世間の一部には漫然として枢密院の廃止を叫ぶものがある。政治学上の議論として枢密院の如きのこれを存置すべき根拠なきはあるいは自明の理なりとしよう。けれどもこれをいかにして廃するを得るか、または少なくともこれをいかにして無力なものと為し了《お》うることが出来るか、実際政治の問題としてはむしろこの方が喫緊の重要研究項目であろう。伊藤公の憲法精神または皇室中心主義の憲法観なるものの解剖と、その発生成育の史的過程に関する私の説明は、不完全ながら幾分この実際問題の解決に心を向くる人達の参考になるかと考える。更に進んでこれをいかに解決すべきかについては、もとより私に一個の成案がないではないが、余りに長文に亙るを恐れてこれは他日の論究に譲りたい。ただ呉々も注意したきは、

⑴いわゆる伊藤公の憲法解釈を奉ずる限り、今日の憲政運用の実況は断じてその憲法精神と相容れぬものであること。

⑵謂う所の憲法精神を確守してあらためて憲政実際の運用に方向転換を劃するは事実において不可能であること。

(3)このジレンマに当面して一時姑息の妥協弥縫《びほう》を事とするは政界腐敗の重大原因でなくてはならぬこと。

の三点である。かくて結論は当然に議会中心主義を一層徹底して君民一体の大理想を実現するの外はないことになる。議会中心主義の名を聞いて直ちに皇室中心主義をこれに対立させるのは不明もまた甚しい。議会中心主義の対手はただ一つの官僚主義の外にはないのである。しかして議会中心主義のチャムピオンたる各政党は、元来その朝に在ると野に在るとを問わず、共同の問題として大いにその確立に尽力すべきではなかったか。今までのように甲党が乙党を失脚せしめるために密かに款《かん》を官僚主義に通ずると云うようなことでは困る。各政党が徒《いたず》らなる政権争奪の悪夢より醒め、問題によって互いに争うべきものと倶《とも》に協力すべきものとの甄別《けんべつ》をあやまらず、もって憲政の大局を玉成するの誠意なくんば、いわゆる明るい政治はいつまで経っても我々に恵まれぬであろう。

関係略年譜

世界や日本の出来事はゴシック体で記した

一八七八（明治十一）年
一月二十九日、宮城県志田郡古川町大柿九十六番地に、父年蔵、母こうの長男として誕生。戸籍名は作蔵。

一八九七（明治三十）年　十九歳
宮城県尋常中学校を首席で卒業、第二高等学校法科に無試験入学。ミス・ブゼルのバイブル・クラスに出席。

一八九八（明治三十一）年　二十歳
七月、仙台浸礼教会牧師中島力三郎から受洗。

一九〇〇（明治三十三）年　二十二歳
第二高等学校を首席で卒業、東京帝国大学法科大学政治学科に入学。この頃、本郷教会に参加し、雑誌『新人』の編集に協力、牧師海老名弾正の説教を筆録し、同誌に掲載。

一九〇四（明治三十七）年　二十六歳
七月、政治学科を首席で卒業、大学院に進む。十二月、東京帝国大学工科大学講師。

一九〇六（明治三十九）年　二十八歳
一月、袁世凱長子克定の家庭教師として天津に赴く。

一九〇九（明治四十二）年　三十一歳
一月、中国より帰国。二月、東京帝国大学法科大学助教授（政治史担当）。

一九一〇（明治四十三）年　三十二歳
四月、三年間の欧米留学に出発。最初はドイツのハイデルベルク大学、翌年、オーストリア・ウィーンで労働党の示威運動を見聞。フランス、ドイツ、イギリス、アメリカを経て、一三年七月、帰国。

一九一四（大正三）年　三十六歳
一月、『中央公論』誌上に初めて「学術上より観たる日米問題」を発表。七月、東京帝国大学法科大学教授。
七月、第一次世界大戦始まる。

一九一六（大正五）年　三十八歳
『中央公論』一月号に「憲政の本義を説いてその有終

の美を済すの途を論ず」を発表。

一九一八（大正七）年　四十歳

八月、米騒動が富山県から全国に波及。

十一月、浪人会と公開討論。十二月、黎明会を結成。

一九一九（大正八）年　四十一歳

一月、黎明会第一回講演会を開催。『中央公論』六月号に「民本主義・社会主義・過激主義」を発表。十二月、有限責任家庭購買組合を設立、理事長に就任。

一九二二（大正十一）年　四十四歳

二月十三日～十九日、『東京朝日新聞』紙上に「所謂帷幄上奏に就て」を発表（のち、「帷幄上奏論」と改題）。

一九二三（大正十二）年　四十五歳

九月、関東大震災。

一九二四（大正十三）年　四十六歳

一月、第二次護憲運動発足。

二月、東京帝国大学教授を辞職、朝日新聞社に入社。講演「護憲運動批判」を行う。三月～四月、「枢府と内閣」を『朝日新聞』紙上に発表。五月、上記の論文等が原因となり、朝日新聞社を退社、東京帝国大学法学部講師。十一月、明治文化研究会を組織。

一九二五（大正十四）年　四十七歳

二月、明治文化研究会の機関誌『新旧時代』を発刊。

三月、普通選挙法成立。

一九二八（昭和三）年　五十歳

二月、第一回普通選挙。

『中央公論』十二月号に「現代政治上の一重要原則——民主主義は何故わるいか」を発表。

一九二九（昭和四）年　五十一歳

『中央公論』十二月号に「憲法と憲政の矛盾」を発表。十二月、明治文化研究会編『明治文化全集』全二十四巻完結。

一九三一（昭和六）年　五十三歳

九月、満洲事変始まる。

一九三二（昭和七）年　五十四歳

三月、満洲国建国。

『中央公論』一月号に「民族と階級と戦争」を発表。四月、水曜会の結成に参加。

一九三三（昭和八）年　五十五歳

三月十八日、逗子小坪の湘南サナトリウム病院にて逝去。三月二十一日、青山学院大講堂で葬儀を挙行。

三月、日本、国際連盟を脱退。

〈巻末附録〉

わが師吉野作造先生

蠟山政道

社会思想研究会編『わが師を語る――近代日本文化の一側面』
社会思想研究会出版部、一九五一年、所収

一

吉野作造先生の人為りは、先生の仙台時代の旧友栗原基氏が、「生来の善き性質と善きセンス」の持主である、といった表現が最も適合しているように思われる。その「善き」という言葉のなかには、美しい、すっきりした、しかも温く、時として聖いというような感じと意味とを含めてもよいのではないか、と思う。そういう先生の人為りを知るに至ったのは、もちろん、先生が比較的若く、未だ五十六歳の働盛りで、逝去されてから、いろいろ回顧し、比較して考えて見てからのことである。

大正六年、東大の学生として、始めて先生の政治史の講莚に列して、西洋政治史と支那革命史の講義を聴いたとき、最初に感じたことは先生の「善きセンス」であった。壇上と壇下との距りをもった接触では、先生の人間としての性質や性格などはよく分ろう筈はなかった。当時、まだ四十歳にならなかった元気一杯の先生であり、論壇の雄として盛名を馳せていたときの先生である。しかし、鶴の如しという形容詞は当らないけれども、とにかく痩軀で、血色もあまりよくない、身体の弱そうな先生から受けた印象は、きわめて無雑作な、気どらない、座談を聴くような気軽さがあったことと、その講義の中に流露していた善きセンスであった。

私は一高時代に斉藤阿具先生の西洋史を聴いて、マイヤー、ロビンソン、ビーアドなどの参考書を通じて、西洋史に或る興味を覚え、他の学科よりも比較的よく勉強した。しかし、それは一般史の域を脱しなかったので、ある不満を感じていた。その不満が何んであるか、は自分でよく分らなかった。しかるに、吉野先生の政治史を聴いて、その不満が充されたような気がした。一般史を勉強していたときに感じていた不満の一つが、近代政治史の中心問題又は重要観念が把握されなかったことである。それを先生は、三つの重要問題、すなわち民族主義と民主主義と社会主義との三つの観念で把え、一般史のようにヨーロッパの国民と地域とを基準とせずに、横断的に取扱って、美事にやってのけていた。そして、その綜合的観点として「自由」の問題が一本の金線の如く貫いていることが次第に分ってきた。

この政治史的センスというものは、今日から見れば常識かも知れないが、大正六年の当時、まだ普通選挙も行われず、議院内閣制度も実現していない頃の日本にとっては、甚だ啓蒙的であった。私は始めて政治史というものの核心に触れたような気がした。この講義は、全く先生独特の政治的センスによって把握され、独創的に構想されたものといってよい。かのロンドン大学のハーンショウ教授の『欧洲史の主潮流』(Main Currents of European History, 1815–1915)が、たまたま同じ大正六年(一九一七年)に出ているが、先生の講義はそれ以前から為されていたもので、それは偶然に時を同うしていたに過ぎない。当時、先生はこのハーンショウ教授の書物についてはまだ知らなかったらしい。もし、知っておられたならば、必ずや紹介されたに違いないからである。なぜなら、先生は、それから後にハーンショウ教授の『十字路に立てる民主主義』(Democracy at the crossways)が公刊されたとき、その立場が先生のそれよりもやや保守的であるに拘らず、極力これを推奨されたことを記憶している。あのときから三十年以上も過ぎている今日でも、欧洲近代政治史を国別でなく問題中心に横断的に取扱っているものとして、吉野先生の講義はハーンショウの『主潮流』と共に、その着想において随一なものであって、世界に誇りうるものであると思う。先生は何故かこれを公刊されずにしまったことは、謙遜のためか、多忙のためかはわからぬが、まことに残念なことで、今からでも誰れかが、これを試むべきではないか、と思っている。

序ながら、先生の政治史の講義の如きは、政治学の専門学徒はもちろんのこと、一般教養科目としても、最も有益な啓蒙であって、これによって歴史の見方が一変し、近代社会の観察眼が極めて豊かに、かつ適確になるといっても決して過言でない。なぜなら、ロビンソンやビーアドの西洋史が米国のハイスクールやジュニア・コースの歴史を一変したように、歴史の教科目はリベラル・アーツの教育として最も重要であり、かつ有効であるからである。その根本原因は、学殖豊かな歴史家が、自己の人格・思想を投映しつつ、しかも自己の身体をもって蒐集した資料を駆使して行った歴史の講義や書物は、それ自体が自由な教育の具象化である、という点にあると思う。

私は、吉野先生の政治史から手ほどきをえて、それから近代政治学の研究に這入ったことを今でも感謝している。もし、あの無味乾燥な一般史から、いきなりマルキシズムの史的唯物論に触れたなら、きっとその一義的な、科学的な解明に魅せられ、かぶれてしまったに違いないからである。日本に共産主義思想がまんえんした一つの理由は、たしかに近代の自由な政治と社会との歴史に関する正しい認識を教える歴史教育の欠陥にあったと断言して憚らない。吉野先生が、早くも大正十三年、朝日新聞に入社のため講壇を去って、西洋政治史の講義を罷めてしまい、それから後に再び講師として政治史の講義をされても、そのとき先生の興味の重心は、日本近代政治史に移っておられた。この日本近代政治史は、別の意味で重要な貢献であることは後述する通りであるが、日本のリベラルな教育としての模範的な意味をもっていた西洋政治史の講義が行われなくなり、その完成を見るに至らなかった点において大きな損失であったと思う。

二

大正六年の九月、吉野先生の「十九世紀政治史」の開講日に、私は丁度その頃公刊された先生の『戦前の欧洲』という本を買ったことを記憶している。これは、内容からすると、先生が「中央公論」に連載して、先生の歴史家としての地位を一躍認めさせた、あの『欧洲動乱史論』（大正四年八月）の序説をなすものである。先生の「十九世紀政治史」の講義は、前にも述べたように、いわば欧洲諸国民の内部的形成の諸勢力又はその運動について述べられたもので、その相互の国際外交関係については多く述べられていない。ところが、大正二年、先生が欧洲留学から帰朝されると、まもなく第一次欧洲大戦が勃発した。先生はその欧洲滞在中、既にバルカン戦争その他で欧洲の風雲急なるものがあったので、先生は持前の歴史家的センスを働かして、かなりまめに戦争前夜の欧洲を視察し、研究して帰られたのである。たまたま、日本に帰朝してから、まもなく戦乱が勃発したので、直ちに大学の講義に——もちろん、私はまだ高校生だったので、この講義はきかなかったけれど——そしてまた雑誌にその研究を発表されたのである。そして、その新鮮な筆致で、しかも具体的な事実分析を叙述してゆく行文は、当時の論壇に一つの光彩を与えたものであった。サラエボにおける一セルビア青年の墺太利《オーストリア》皇儲射殺の場面などの描写は、まるでその場を目撃した人の如き、生々としてしかも具象的であった、と当時講義を聴いた私の一先輩が語ったことがある。

しかし、『欧洲動乱史論』やその後に出た『欧洲戦局の現在及将来』（大正五年）は、なんといっても戦争そのものの経過や推移という事実の考察や叙述であって、先生の西洋政治史のシステマティックな研究に対しては資料的なものでしかない。そこへゆくと、あとから出された前記の『戦前の欧洲』は、ドイツを中心とする十九世紀後半の欧洲政治外交史であって、小冊子ながら独創的な研究である。先生は、不幸にして、体系的研究よりも新らしい分野の開拓や史実や史料の蒐集に興味をもっておられたので、前記の「十九世紀政治史」と「戦前の欧洲」や「動乱史論」とを、さらに綜合的なものに統一されることなくして、中絶されたことはかえすがえすも残念である。

それにしても、大体窺いうるところは、先生は十九世紀政治史を二つの部分にわけて考えておられたのではないか、と思う。そして、その後半については、主としてその国際外交関係の研究に努力されたのである。もし、今少しく先生をして欧洲政治史の研究に興味をもちつづけしめたならば、再びその後半期の内政問題、すなわち帝国主義時代の内政事情について考察を為し遂げられたに違いない。

しかし、先生のセンスは余りに鋭敏に過ぎていた。その当時の日本及び中国を中心とするアジアの問題は、先生からすると、欧洲のことを問題としているどころの騒ぎではなかった。先生のかなりの大きな注意力と努力とが、日本及び中国の問題に注がれていた。そして、そのことは、先生の見解によると、実は欧洲政治史の発展なのであって、決して別のことではなかった。先生の中国革命史の研究は、そうした世界史的な見地から為されたといってよいであろう。

先生は、明治三十九年に、東大卒業後大学院二年を修了した頃、梅先生の斡旋で、当時清国直隷総督袁世凱の招聘に応じて、当初その法制私教師をし、後に北洋法政専門学堂の教習に転じ、四十二年に帰朝され、東大法科の助教授となられた。この若い頃の中国行が先生の中国問題に対する関心と研究との機縁を為したことは疑いを容れない。また、当時先生の同僚として一緒に天津にあった今井嘉幸氏の語ったところの如く、「善い頭と鋭い眼とを以て、支那というものを正確に洞察して帰った」ことも確かであろう。しかし、その二ケ年の滞在中になされた見聞と、行われた研究とが、後年の先生の中国革命研究にどんな役割をもっているかは明かでない。先生自身もその点をあまり積極的に主張されたことはない。おそらく、先生の中国革命研究は、明治四十三年から大正二年までの欧洲留学中になされた欧洲政治史の研究の結果とその観点に立って為されたものと推定される。とくに、先生を刺戟したものは、大正四年のいわゆる二十一ヶ条問題の「日支交渉」であった。先生の「日支交渉論」に示された論調が当時の日本の政界及び世論の水準を脱却した世界史的観点に立った鋭利な批判であることを想起するとき、私はそう断定せざるをえない。

いま、それを証拠立てるものとして、わたくしは書架から、先生の『支那革命小史』（大正六年）という一八五頁のふるめかしい小冊子をとり出して見た。それはやはり先生が政治史の特別講義として、われわれ学生に講義されたときのテキストに使われたものである。その開巻第一章「支那革命運動の実体」という一頁の欄外に、先生が革命運動の根本思想ということについて、テキストにないことを述べられた数々の項目が細字で書きつらねてある。拙い字であるが、三十年前の学生時代の自分の字を見て多少の感慨なきをえなかったが、今更ら気がついて興味深く感じたのは、先生のいわれた左の一句である。曰く「世界歴史も十九世紀において前後に分つべし、この後半部たる十九世紀はより豊富なる内容をもっておるのである。而かもまた新生面を開いたのである。これが東洋にも波及したのである。」

試みに、先生の昭和五年十二月に出された「対支問題」という書物を見ると、当時の先生の中国観とそれを観点とする日本の対中国関係が比較的よくまとまっている。しかも、それは先生の得意な手法、すなわち政治意識の変遷史——この場合は日本人の支那観の変遷史——を中心として、その誤れる意識の批判を試みその改善を論じているのである。このような論述の立場は、世界史的な研究とその視野に立たなければ、容易にとりえないところであり、先生にして始めて可能なことなのである。憾《うら》むらくは、先生のこのような立場は、当時としては荒野に叫ぶ預言者の声に似ていたことであり、三十年の後、日華の地位が全く逆転して始めて、その意味がわかるていいのものであった。

三

私は、政治史ばかりでなく、二学年になったとき政治学の講義も吉野先生から受けた。小野塚（喜平次）先生が外遊中であったので、政治学は吉野先生が、政治学史は箆《やの》先生が受持たれたのであった。政治学を受持たれた吉野先生は、大分その構想に骨を折られたらしい。

元来、頭のよい、善きセンスの持主であった先生にも、体系的に知識を整理してゆくために必要な概念的操作と方法論的思索は不得手でもあり、興味ももっておられなかったらしい。それで、政治学のような体系的構想を必要とするものには、花々しい業績をあげられなかった。それも、先生が学生時代に木場（貞長）講師からならったブルンチュリーの「国家汎論」や小野塚先生のエリネック流の『政治学大綱』を受売りすることで満足されていたならば、恰好だけは体系的なものを講義することもできたであろう。しかし、それは、先生の頭脳と立場とが許さない。それは先生の既に抱懐されている民主主義の政治思想と相容れないものであり、また先生が既に政治史の講義で展開された政治的現実の解明とも一致しない。先生としては、全く従来の明治時代の政治学たるドイツ流の国家学から離れた独自の政治学を建設されねばならぬ立場にあったのである。

そこで、われわれ学生は、先生がどんな政治学の講義をされるか、ということに期待と興味とをもっていた。当時大正七、八年で、日本の思想界には相当複雑な潮流が渦巻いており、政治的思惟の概念的体系的訓練がないと、徒らに流行思想や新奇なイデオロギーに惑乱されてしまう危険があった。先生の唱導された民主主義を指導原理とする政治学が体系化されることを待望したものは、独りわれわれ聴講学生の利益であるがためのみではなく、大きくいえば左か右か、つまりボルシェヴィズムかファッシズムか、でなく代表制民主主義の中道を歩みうるか否かの運命的岐路に立っていた日本のためでもあった。しかし、結果から見て先生の政治学の講義は失敗であった。われわれは少なからず失望せざるを得なかった。

先生の新らしい政治学の建設が不成功に終った原因を考えて見ると、いろいろあげられる。その一は、先生がかなり深いところまで掘り下げて、政治的自由の原理を探究されようとしたことである。例えば、丁度その頃、バートランド・ラッセルの『社会改造の原理』（Principles of Social Reconstruction, 1915）や『自由への道』（Roads to Freedom, 1918）などが日本に紹介された当時で、先生もラッセルのように社会心理学的研究に一つの方法論的示唆をえられたようである。同時に従来から関心をもっていられた荘子の如き東洋的アナーキズム思想にも手懸りを求められ、人間的自由の根源を思想的に把握されようとされた。しかし、他方において、政治学は自由と対立する強制の組織たる国家の研究であり、自由を否定する権力の秩序を科学的に研究するものである。したがって、人間的自由も政治学の対象としては、この強制組織との因果的関連において取り上げられねばならぬ。これを知っておられた先生の苦心は、正にここにあったのであり、また先生の抱負（政治学の革新）も、たしかにここにあった。

しかし、当時、先生の講義を聴講していた私には、先生の意図されているところ、また構想されているところが十分に把握できなかった。閃めくようなアイデア、興味ある事実の引例、豊かな話術に感心したけれども、政治学としては何かしら散漫不整頓という感じを避けることができなかった。おそらく、先生も、この点に気がついておられ、当時の講義を中心として、他日政治学原理をまとめられることを気にかけていられたのであろう。後になって、岩波の『世界思潮』（第四冊以下）に掲載された「現代政治思潮」なる一連の論文は、正に先生の政治学原理であるといって差支えないが、それすら一冊の書物にまとめられるまでには至らなかった。

先生の政治学講義が失敗に終ったも一つの原因は、先生の民主主義的立場から見て、当然に政治学の内容として取り入れられねばならぬ重要な政治制度の研究が、未だ日本においてなされていなかったということである。政治史家として飽くまで実証的な根拠に立っていた先生は、やはり政治学についても単に外国における制度を概念的に伝えるだけの仕事に満足されなかった。従って、先生の頭の中にはその時事評論の場合において力説されたように、日本の憲政上の欠陥を改革したい意図が実践的に動いていたのであり、そのためには学問上も、まず箇々の制度の研究に力を注がれた。その最もよい例は、普通選挙制度の研究であった。これは学生達に分担的研究をさせた一種のセミナアのようなものであったが、それが同時に新人会という学生思想団体の形成にも影響した。先生は、こういう制度的研究にも、かなりこまかい分析的頭脳を示されたが、それは明治以来の東大法科の伝統たる解釈法学的訓練にも秀才であった平面の現れである。因みに先生の「普通選挙論」（大正八年）は、当時の先生が新聞雑誌に発表された論策をまとめて出されたもので、日本における民主主義制度に関する著書としては、最もすぐれた研究の一つであった。

先生の政治学講義において欠けていたものとして、当時の私共に強く感ぜられたことは、先生には社会学的認識がないように思われたことである。しかるに、当時のわが思想界にはオッペンハイマア、グムプロウィッツ、などの独墺の社会学的国家観とマルキシズムの階級国家観とが流行し始め、また新カント派の影響を受けた形式社会学などもやがて流行するに至ったという時代である。先生のヒューマニスティックなデモクラシーが、およそこれらの社会集団論や社会構造的制約論と相容れないものであり、先生からいわすればそうした社会学的認識は個人人格の自由と責任とを基潮とすべき民主主義を邪道に導くおそれさえあるものであった。当時、先生は後年の日本の政治思想界の左・右への激しい動揺を予見して、青年達の思想傾向に憂心を抱いておられたもののようであった。しかし、私はこの社会学的国家論を論文――試験の際に代りに出す論文――に提出した。先生は、余り感心しないような顔つきで受取られたが、後で「君は五つのことを七つにまで主張するね」といって笑われた。社会学的国家論などは、五つの価値しかないもので、それ以上の意味はないものだ、というのが先生のお考えらしかった。

四

話は少し前に遡るが、大正八年の夏休みになろうとするときであった。当時、シベリア派遣軍が駐屯しているシベリアや北満地方に学生視察団の企図が行われ、一高生と東大生との一団が組織された。私もそれに加わって、はじめて海外の旅に出ることとなった。ただ、漫然と視察の目標もなく出かけるのも、どうかと思って、吉野先生を研究室に訪ねて、先生のお考えを聴いた。それまでは、先生とは教壇の下から御目にかかるだけで、あまり親しくお話をきく機会もなかった。このとき始めて、いままで経験しなかった先生の他の面に接することができた。それは、善き性質という先生の他の一面であった。研究室で何か調べものをしているとき、突然に学生の訪問に接することはかなり迷惑なことであることは、私も後に経験したところである。しかるに、先生はそんな様子を少しも見せないで、相当長い時間あってくれた。そして、さらに駭いたことには即座に多数のトピックスを提示された。その中で、私は二つの問題をえらぶことにした。一つは「満洲における中国人労働者の問題」であり、他の一つは「北満における日・露・支の民族的交流」というテーマであった。前者は、当時欧洲大戦の西部戦線（フランス）に派遣されて、彼地で訓練を受けた中国人苦力が帰国して満洲で働いていたのであるが、その中で労働組合を組織しているという報道があった。その様子を調査し、満鉄関係事業の労務政策を研究したらどうか、というのである。実際の様子は行って見なければ分らないが、先生がこういうこまかい問題にまで神経を働かしているのに感心した。この問題については、帰途一行と分れて私は南満において大体撫順炭坑と大連埠頭の二箇所で調査し、その短い報告書を先生に提出して見て貰った。そして破格にも「国家学会雑誌」の雑報欄に載せて下さった。先生の好意に感激したことであった。

他の「北満における日・露・支の民族的交流」については、遂にこれをまとめることができずにしまった。丁度ハルビンで、鉄道ストライキがあって二週間も滞在していたので、十分調査の余裕があったのであるが、いかんせん予備知識の不足のために、こんな大きな問題にはどうにも手のつけようがなかった。先生は当時ボルシェヴィッキの東漸的趨勢を必然的のものと見ており、日本の軍官憲が利用していたセミヨノフ等の白露系は問題としていなかった。と同時に漢民族の満洲における発展も侮り難きものあるのを看取されていた。その間、日本のシベリア出兵が如何なる方針に基いているのか、これを先生は疑問視されていた。さてこそ、こうした大きな問題を提示されたわけである。しかし、こんな大きな問題を、一学生の身分でこなせる道理がない。先生も恐らく何の期待もされていなかったのであろうが、たまたま先生の頭裡に浮んでいた問題であったので、それを試みに私に課したのであろう。

幸か不幸か、それから十年間、私が満洲問題の研究にひまがあれば没頭するという道草をくったのは、このときの先生から与えられたテーマが頭にこびりついて離れなかったためである。自分の専門でもないのに、国際政治の研究、わけてもアジア問題に深入りしたのも、一に先生から与えられたテーマが極めて重要かつ適切であるに拘らず、その解決が甚だ困難であったので、なかなか手が抜けきれなかったためである。昭和八年の二月に公刊した拙著、『日満関係研究』は、やっとその成果なのである。このとき既に満洲事変は突発して一年以上も経過し、その拡大する勢いは制止の余地なく、遂に収拾のつかぬ大問題となり、遂に日本のいのち取りとなってしまった。この昭和八年の三月、先生は急に他界せられるというわけで、私も父が同じ頃病気で倒れたので、郷里に帰っており、先生にこの書物を見て戴く遑《いとま》はなかった。

五

以上、先生の政治史及び政治学上の業績というよりは、先生の数多い弟子の一人が受けた学問上の示唆や教訓について述べた。しかし、先生について語る以上は、私はその資格を十分もっていないが、大正十年以後先生の学問的事業が明治政治史及び文化史の方面にすすまれたことについて一言せねばなるまい。先生は自ら語っておられるように、大正十年頃から明治政治史又は憲政史の研究に興味を感ぜられた。それにはいろいろの動機があったのであるが、結局先生の学問的研究の当然の帰結であったと思われる。西洋の政治史を研究し、中国革命史に興味をもたれたのも、帰するところは祖国日本の近代政治史を研究される前提であったともいえようし、先生が大正二年以来旺《さか》んに筆にされた時事評論の対象となった軍閥官僚政治の諸問題、すなわち帷幄上奏と二重政府の問題や枢密院と貴族院の如き非民主的な政治制度の存在は、すべて明治憲法によって規定せられたものである。従って明治憲法が如何に制定せられたかの歴史的経緯やその背後に存する明治時代の日本人の政治意識の考察を遂げなくては、大正年間における政治問題や憲政改革論は地につかないものになる。ましてや先生の世界史的文明史的構図の中において日本文化の占める地位についての明確な考察がなければ、先生の学問的業績は完結されないのである。先生が、大正十二年の関東大震災で研究室の焼失という惨害にもめげず、資料の蒐集に立ち上り、異常な努力を注がれたのも、決して偶然でない。

しかし、先生の学問的進路は坦々たるを許されなかった。先生は大正十三年朝日新聞社に入社されるために大学研究室の生活から離れられることとなった。法学部の先輩・同僚の教授や私達弟子達も駭《おどろ》きかつ惜んで、先生に翻意されることを申出でたが、先生の決意は固かった。その理由はどうもよく理解できなかったが、朝日新聞社主村山龍平氏に対する個人的な情誼と自由な研究をするための経済的余裕をもちたいということではなかったかと思われる。それに、当時、憲政擁護運動が起り、日本の議会政治にとって重大な転期であった。先生は朝日新聞のような大きな舞台を利用して、十年来努力し来った筆による日本民主化の事業に最後の努力を集中されようとしたためではなかったか。それだけに、当時の保守反動の勢力が先生を目の敵にして、朝日入社数ヶ月にして退社せざるを得ないような圧迫を加えた。この場合にも、先生の美しい魂が躍如として働いたのである。先生は毫も権力に屈する意嚮《いこう》はなく、飽くまで闘う意思であったのだが、そうすると官憲の圧迫は朝日新聞社の編輯代表者に課罪することになり、その人がたまたま病床にある親をかかえて刑務所に行かねばならぬという寔《まこと》に悲惨な結果になる。先生が自ら退社を決意されたのは、こうした人道上の理由によったのである。先生の美しい魂は、自己の頑張りのために、こうした気の毒な目に人をあわせることに忍びなかったのではないかと思う。憎むべきは当時の保守反動勢力のいんけんな所為であった。

かくて、朝日新聞記者として活動の機会を失った先生は、再び東大法学部講師として明治政治史の講義を受持たれると共に、明治文化研究会を創立されて、尾佐竹猛氏始め同好の人士と明治文化の研究に従事されたのである。そうして、あの『明治文化全集』二十数巻の刊行を始めとして、幾多の貴重な明治憲法資料の発見、整理及び検覈《けんかく》の事業を遂行されたのである。日本の学界、ことに政治史界にとっては、先生が朝日を退社されたことによって反って多くのものを獲たことになったのである。

しかし、先生は次第に健康に故障を生じ、体力の消耗を感ぜられるようになったが、明治文化の研究には最後まで努力を続けられた。それらをまとめられて、一巻の明治政治史を出されることが、おそらく先生の宿願であったろうと思う。そのために、先人未踏の処女林に一つ一つ斧を入れるようにこつこつと資料の検討に努力されたわけである。しかるに、昭和六年の満洲事変以来、その成行について先生は憂愁の情をもって見守られ、政治的世相も次第に悪化しゆくのをじっと沈黙をもって見ておられた。民主的な立場から見た日本政治史の著述も困難となって行くのを感ぜられたのではあるまいか。こういう時勢の悪化と共に、先生の健康も頓《とみ》に衰えを示して行った。割合に気丈夫で、物事にあっさりしていた先生は、恰もストイック的な諦観にも似た心境をもっておられたようであるが、客観的に見ると先生の健康の衰えはあのひどい咳が示すように明かであった。遂にわれわれの待望した明治政治史が成らずに終ったのは、一に時勢の悪化と先生の健康の衰えとによるものといえよう。

六

先生の大正十三年十一月に公刊された『主張と閑談』第三輯の冒頭に、『斯く行い斯く考え斯く信ず』という題目のついた一文がある。私は、この一文を、先生の書かれた無数の文章の中で、最もよく先生の人格とその信条とを示しているものと思っている。これを静かに味読すると、ありし日の先生の気どらない温容が彷彿として眼前に現れてくるように思われる。

自分は平素現在在るがままの自分の生活を充実したいと心掛けて居る。目下自分の仕事は日本近世政治史の研究と之に関する資料の蒐集整理とであるが、どうせ大した事は出来ないまでも、一旦心がけたことでもあるから、何ともして相当の成績を挙げたいと努めて居る。……

が、自分はまた常に自分で反省する。斯くして自分を充実するに努むることの熱心の余りヒョッと他を傷けるような事はないだろうか。兎角人は一事に熱中すると公正の立場を外れ勝ちのものである。……自分一身の利害と相衝突しても、大局から観て人の健康と長寿を希うようになるには、どうしても深い教養の上に見識を磨いた人でなければならない。……

自分は世上多くの問題について慷慨もすれば悲憤もする。けれども結局に於て自分は人類社会の前途に常に光明を望み、従てまた常に歓喜の情に溢るるものである。而してかくの如きを自分は未だ曽て悔いない。……

自分は此世において為すべき当面の務めを怠らず果さんとしつある。而して多少の哲学的教養は自分を一段と高い所に引上げて、洽く大局の形勢を展望し得るの地位に置いた。只それ丈けでは茫として人生の正しき進路を識別することが出来なかったのに、宗教的信念は天の一方に理想の光を憧憬して、自分を正しき方向に向わざるを得ざらしめた。正しいか正しくないか、人の之を争うものあらば之を争うに任せる。兎に角自分は固よりその器甚だ小なるものではあるが、小さいながらに恵まれたる生活を営みつつあることを密かに悦ぶものである。

私は人間としての先生について未だ語る資格をもっていない。僅かに一人の不肖の弟子として先生から受けた学恩の万分の一に酬いんとして、政治学界に棹さして来たものである。従って、ここでも、自分の経験し理解した先生の学問的業績の一面について語ったに過ぎない。それが「わが師を語る」という仕事に十分ふさわしいことであるとは思っていない。しかし、いま右に掲げたような先生の深い、そして澄んだような自覚的信念による自若の境地に達するには程遠いものがあるのを感じている。年齢的には先生の行年に近くなっている今日の私であるが、先生の全人格について語りうるためには、まだまだ自分自身が今少しく修養を積まねばならぬと思っている。

先生の著作及び生涯については、未だ完全な目録も、その全集もまた伝記も出ていないが、幸いに今日まで左記のものがある。

吉野作造博士民主主義論集　全八巻　昭和二十一―二年　新紀元社発行

川原次吉郎編　古川餘影　昭和八年　非売品

赤松克麿編　故吉野博士を語る　昭和九年　中央公論社

嘉治隆一著　歴史を創る人々　昭和二十三年　大八洲出版社

川村又介解題　吉野作造――枢府と内閣他　昭和二十五年　朝日新聞社

蠟山政道編　吉野博士追悼　記念論文集　政治及政治史研究　昭和十年　岩波書店

昭和二十五年に吉野博士記念会というものが結成され、先生を知る人々や先生の教えを受けた者達が集って、先生の人格と事業とその時代の研究をすることになっている。もしこの会がうまく運用されてゆくならば、先生のことについて今日よりさらに多くのことが明かにされることになろうと思う。

〈解説〉

「憲政の本義」の百年

苅部　直

この文庫本が出た今年、二〇一六年は、冒頭に収める吉野作造の有名な論文「憲政の本義を説いてその有終の美を済すの途を論ず」が世に出てから、ちょうど百年にあたる。吉野の日記（『吉野作造選集』第十四巻、岩波書店、一九九六年、所収）によれば、一九一五（大正四）年の十一月三十日から十二月六日まで、五回にわたって、雑誌『中央公論』の主幹であった瀧田樗陰（哲太郎）が口述筆記を行ない、その原稿に吉野が手を入れる形で完成した。掲載は一九一六（大正五）年の一月号。その直前、十二月二十六日の『東京朝日新聞』に広告が出ているので、年末には本屋の店頭に並んでいたのだろう。

吉野作造（一八七八・明治十一年〜一九三三・昭和八年）の生涯については、田澤晴子『吉野作造——人世に逆境はない』（ミネルヴァ書房・ミネルヴァ日本評伝選、二〇〇六年）、松本三之介『近代日本の思想家11　吉野作造』（東京大学出版会、二〇〇八年）といった評伝が出ているので、詳しくはそちらを参照されたい。ただここで強調しておきたいのは、吉野と『中央公論』との関係の深さである。吉野は東京帝国大学法科大学（のち法学部）の政治史担当の助教授として採用されたのち、三年間、ドイツ・英国・アメリカで留学生活を送り、一九一三（大正二）年に帰国して翌年には教授に昇任した。その帰国の直後に、さっそく瀧田樗陰が注目して会いに行き、執筆を依頼したのである。

それまでにも吉野は著書や雑誌論文を公刊していたが、『中央公論』の一九一四（大正三）年一月号に初めて載せた「学術上より観たる日米問題」が、実質上の論壇デビュー作と言ってよい。これ以後吉野は晩年に至るまで、ほとんど毎月、『中央公論』に論文を執筆するだけでなく、無署名や筆名の形で巻頭言や時評も書いている。二十年近くものあいだ、『中央公論』の看板執筆者として活躍していたわけである。

その『中央公論』の新年号の巻頭を飾ったのが、吉野の「憲政の本義」論文である。吉野が約十二年後に随筆「民本主義鼓吹時代の回顧」（一九二八年、『吉野作造選集』第十二巻、一九九五年、所収）で回想してもいるように、この論文が出たのちに各雑誌で、その議論を批判しながらデモクラシー論を展開する論文が続出して、「爾来斯《じらいこ》うした方面の政治評論は頓《とん》と隆盛を極むるに至つた」のである。言論界におけるデモクラシー論の隆盛を切り開いた、一つの事件であった。

しかし、その思想が正確に読みとられ、正当に評価されたかと言えば、必ずしもそうではなかった。吉野は同じ回想で、「憲政の本義」論文がデモクラシーの訳語として「民本主義」を用いたことについて、「民主主義と卒直に云つては其筋の忌諱《きき》に触れる恐《おそれ》がある、之を避けて斯んな曖昧な文字を使つたのかと非難されたことも稀でない」と語っている。たとえば、社会主義の立場をとる山川均による論文（「吉野博士及北教授の民本主義を難ず――デモクラシーの煩悶」（『新日本』一九一八年四月号、『山川均全集』第　巻、勁草書房、二〇〇三年、所収）に代表されるような批判である。

彼ら左派の批判者は、論文の前半で論じられる「民主主義」と「民本主義」との区別に着目して、吉野は現行の体制に妥協した「民本主義」にとどまり、「民主主義」の本旨を徹底しなかったと攻撃したのである。山川の言葉を引くなら、ロシア革命によって登場した「新たなるデモクラシー」を、日本においても現実化させる革命運動が、社会主義者の言う「民主主義」のめざすところであった。「憲政の本義」論文に対するこうした左派からの批判は、いまでも中学・高校の歴史教科書での吉野に関する記述に引き継がれている。「民主主義」でなく「民本主義」にとどまった不十分なデモクラットという評価であり、政治思想史の専門家ではない歴史家の著作にも、そうした論じ方が散見される。

人民主権を意味する「民主主義」とは別に、「民本主義」の実現をめざすという吉野の論法は、一九一五年の六月から七月にかけて公表した論説「欧米に於ける憲政の発達及現状」(『国民講壇』創刊号〜第三号)、および同年の東京帝国大学法科大学における政治史講義(九月開講、『吉野作造政治史講義——矢内原忠雄・赤松克麿・岡義武ノート』岩波書店、二〇一六年、所収)にすでに見える。だがそもそも、「民主主義」とは異なる「民本主義」という論点は、吉野がみずからのデモクラシー論の新たな特徴として打ち出したものではない。先にふれた回想随筆で、この区別をひたすら攻撃するような批判を「そんな非難は敢《あえ》て気に掛けるにも当らぬ」と一蹴しており、「憲政の本義」論文ののちには「民主主義」という表現もしばしば用いながら、日本におけるデモクラシーの可能性を論じている。「民本主義」の言葉について、吉野は回想随筆のなかで、その言葉は自分が作ったのではなく、「当時既に之が多くの人から使はれて居つたから」採用したのにすぎないと述べ、先例としてジャーナリスト、茅原華山と、吉野の東京帝大法学部の同僚であった保守派の憲法学者、上杉慎吉との二人の名前を挙げている。そのうち「憲政の本義」論文の背景として重要なのは、上杉慎吉の論文「民本主義と民主主義」(『東亜之光』一九一三年五月号)であろう。

上杉は帝国憲法において「主権」の主体となっているのは天皇であると解する。しかし同時に、帝国憲法の発布のさいに付せられた明治天皇の勅語に「朕カ親愛スル所ノ臣民」の「康福ヲ増進」することを願うとある箇所に注目する。それは、人民を保護し、「人民の利益」の実現を目的として主権を行使することが、日本の歴代の天皇が継承してきた「治国の精神」であることを示すと上杉は解し、これを「君主の道徳の根本義」としての「民本主義」と呼んだのである。そして、デモクラシーの新たな思潮を日本の政治に導入する必要はないという文脈で、帝国憲法における「民本主義」の精神を強調し、それは一般論としてはどの国家でも、主権の所在とは無関係に統治者が実践できる方針だと説いた。

これに対して吉野は「憲政の本義」論文で、「近代各国の憲法」が共通の精神として立脚しているのが、デモクラシーすなわち「民本主義」にほかならないと説く。その内容は「主権者は須《すべか》らく一般民衆の利福並に意嚮《いこう》を重ずるを方針とすべし」というものである。吉野が新たに打ち出したのは、政策の内容として民衆の「利福」を目的とするだけにとどまらず、さらに「政策の終局的決定を人民の意嚮に拠らしむべし」という原理であった。人民の「利福」が何であるかを一番よく知っているのは人民自身である。そして、教育が進歩した二十世紀においては、人民の「智見」も発達しており、政治を「少数の賢者に一任」しておく必要はなくなった。そこで吉野は、もはや少数者による「貴族政治」を維持することは、一部の特権階級の利益の偏重にしかつながらず、「民本主義」の精神に「有終の美」を飾らせるためには、普通選挙制と政党内閣制の確立が不可欠だと説いたのである。

論文の後半で吉野は、政党内閣制の確立と二大政党による政権交代が必要だと説き、元老が官僚内閣を組織する「少数政治」や、「挙国一致内閣」の構想をきびしく批判する。それは当時の野党、立憲政友会を率いる原敬がねらっていたような、藩閥官僚の勢力と、衆議院の多数を占める大政党とが提携して安定した権力を作ろうとする構想に対する批判にもなっているだろう。吉野はのちに、政友会内閣による権力の独占に対して否定的な目をむけ、複数の政党が競争しあい、政権交代が行なわれる体制の実現を唱えることになるが、その主張の萌芽はこの論文でもすでに現われている。

「憲政の本義」論文で吉野が使う論法は、憲法の「規定の裏面に潜む精神」としての「民本主義」を理解せよと強調し、それは「政治上の主義であつて法律上の説明ではない」というものである。帝国憲法の個々の条項との適合性にこだわるだけならば、議会に基盤をもたない「超然内閣制」も可能であろう。しかし憲法の精神に即した「運用」という観点からすれば、それは許してはならない「非立憲的」制度なのである。「政治上の主義」として憲法を柔軟に「運用」することを通じて、統治の内容を決める意志の主体を、民衆へと移すのが吉野の戦略であった。坂野潤治『日本政治「失敗」の研究』（講談社学術文庫、二〇一〇年）がすでに強調したことであるが、本書に収めた「帷幄上奏論」（一九二二年）は、こうしたいわば解釈改憲の姿勢から、美濃部達吉によるリベラルな帝国憲法解釈の限界をもこえて、現行憲法のもとでの政党内閣の主導性を、軍の統帥権にまで及ぼそうとした試みである。同じような姿勢は「憲法と憲政の矛盾」（一九二九年）にも読みとれる。

また、「憲政の本義」論文が左派からの憤激を買った原因は、社会主義者の直接行動論を批判し、また英国における人民投票の導入にも冷淡な態度をとったからであった。吉野によれば、「衆愚の盲動」に支配されたポピュリズムの政治は健全なデモクラシーとは言えない。「多数支配」が原則ではあっても「多数専制」に陥ってはならないのであり、選挙を通じた民衆の政治参加と、指導する政治家による「貴族主義」「英雄主義」との双方が「融和」することで「憲政」は確立する。

代議制という制度に限界はあると知りつつも、それをあくまでも維持し改良することが、現代のデモクラシーの原則だと吉野は考えた。「護憲運動批判」（一九二四年）では、衆議院選挙にむけて三政党が清浦奎吾内閣を批判する護憲運動のさなかに、あえてその運動を批判し、選挙民にはむしろ「運動員のうるさい勧誘には耳を傾け給うな」「これを聴いている遑《いとま》がある位なら昼寝でもした方がましだ」とシニカルな提案をしている。これもまた、党利党略しか考えていない政党が宣伝や買収を通じて世論を誘導し、社会の多数派の感情と直結した形で権力を握ることを警戒したものだろう。

「多数専制」に対する吉野の懐疑には、政府権力による抑圧に対する批判にとどまらず、それ以前に社会の多数意見によって個人の自由が封殺されることがあってはならないとする信念が働いている。「憲政の本義」論文で吉野は、「思想言論の自由」に対する抑圧の例として、乃木希典の自刃に疑問を表明した者を国民が罵倒し迫害した事件を挙げている。そこでの論法はジョン・スチュアート・ミルの『自由論』そのままである。また、「事実国家が国民に多少の度を超えたる犠牲を要求する場合に、これに応ずべきや否やは、国民の道徳的判断に一任する」と、政府の不当な命令に対しては、個人がその「道徳的判断」に基づいて拒否することも正当だと指摘している。

吉野のデモクラシーへのまなざしは、それをこえて、より根本にある「自由」の原理へと向かっている。それは本書に附録として収めた、政治学者、蠟山政道（一八九五・明治二十八年～一九八〇・昭和五十五年）による回想「わが師吉野作造先生」（社会思想研究会編『わが師を語る――近代日本文化の一側面』社会思想研究会出版部、一九五一年、所収）も指摘するところである。実際に、先にふれた一九一五年度の政治史講義の第二編の冒頭では、「自由の開展、又開〔解〕放の要求」としての「自由主義」が、「近代政治の思想上の根柢」にほかならず、それが政治の表面に表われたものがデモクラシーだという理解を示している。本書の諸論文は、日本のデモクラシーだけではなく、リベラリズムの古典としても重要な意味をもっているのである。

（政治学者・日本政治思想史）

中公文庫

憲政《けんせい》の本義《ほんぎ》
——吉野作造《よしのさくぞう》デモクラシー論集《ろんしゅう》

2016年5月25日　初版発行

著　者　吉野《よしの》 作造《さくぞう》

発行者　大橋 善光

発行所　中央公論新社
〒100-8152　東京都千代田区大手町1-7-1
電話　販売 03-5299-1730　編集 03-5299-1890
URL http://www.chuko.co.jp/

印　刷　三晃印刷
製　本　小泉製本

Published by CHUOKORON-SHINSHA, INC.
Printed in Japan　ISBN978-4-12-206252-8 C1130

中公文庫既刊より

各書目の下段の数字はISBNコードです。978－4－12が省略してあります。

い-121-1
自由と秩序　競争社会の二つの顔
猪木武徳
手放しの競争礼讃は20世紀の教訓を忘れていないか。競争原理の激化に警鐘を鳴らし、公共利益の必要性を説く。読売・吉野作造賞受賞作。〈解説〉宇野重規
206170-5

き-34-1
自民党　政権党の38年
北岡伸一
鳩山内閣から宮沢内閣まで、三八年にわたって政権を独占した政党の軌跡を、権力基盤としての派閥構造の変遷を軸に辿る。吉野作造賞受賞。〈解説〉飯尾　潤
205036-5

た-74-2
革新幻想の戦後史（上）
竹内洋
戦後社会を席捲した「左派にあらざればインテリにあらず」という空気を、膨大な文献と聞き取り調査から描き出す。読売・吉野作造賞受賞作を増補した決定版。
206172-9

た-74-3
革新幻想の戦後史（下）
竹内洋
〈革新幻想〉は何をもたらし、その結果どんなねじれが生じたのか。左派と保守の二項対立では要約できない「あの時代の空気」を様々な切り口から掬い上げる。
206173-6

み-44-1
馬場恒吾の面目　危機の時代のリベラリスト
御厨貴
一ジャーナリストから読売新聞社長へ。戦前、評論家として時代を語り、戦後、経営者として書く場を守り抜いた言論人の気概。平成九年度吉野作造賞受賞。
205843-9

か-84-1
滞英偶感
加藤高明
大正期の二大政党制確立の立役者・加藤高明。駐英大使だった彼が、英国の政治・経済・社会を、経験を交え具体的に解説・論評した同時代史料。〈解題〉奈良岡聰智
206075-3

て-8-1
地震雑感／津浪と人間　寺田寅彦随筆選集
寺田寅彦
千葉俊二
細川光洋 編
寺田寅彦の地震と津浪に関連する文章を集めた。地震国難の地にあって真の国防を訴える警告の書。小宮豊隆宛震災絵はがき十葉の図版入。〈解説・註解〉千葉俊二・細川光洋
205511-7